新时代智库出版的领跑者

国家智库报告（2021）
National Think Tank (2021)

长江经济带城市协同发展能力指数（2020）研究报告

REPORT ON INDEX OF URBAN COORDINATED DEVELOPMENT CAPABILITY IN THE YANGTZE RIVER ECONOMIC BELT（2020）

曾刚 等著

中国社会科学出版社

图书在版编目(CIP)数据

长江经济带城市协同发展能力指数(2020)研究报告 / 曾刚等著. —北京：中国社会科学出版社，2021.10
(国家智库报告)
ISBN 978-7-5203-9302-7

Ⅰ.①长… Ⅱ.①曾… Ⅲ.长江经济带—城市经济—经济发展—研究报告—2020 Ⅳ.①F299.275

中国版本图书馆 CIP 数据核字(2021)第 222028 号

出 版 人	赵剑英
项目统筹	王 茵 喻 苗
责任编辑	范晨星
责任校对	夏慧萍
责任印制	李寡寡

出 版	中国社会科学出版社
社 址	北京鼓楼西大街甲 158 号
邮 编	100720
网 址	http://www.csspw.cn
发 行 部	010-84083685
门 市 部	010-84029450
经 销	新华书店及其他书店
印刷装订	北京君升印刷有限公司
版 次	2021 年 10 月第 1 版
印 次	2021 年 10 月第 1 次印刷
开 本	787×1092 1/16
印 张	9
插 页	2
字 数	85 千字
定 价	49.00 元

凡购买中国社会科学出版社图书，如有质量问题请与本社营销中心联系调换
电话：010-84083683
版权所有 侵权必究

长江经济带城市协同发展能力指数（2020）编纂委员会

主　编：

　　曾　刚　教育部人文社会科学重点研究基地中国现代城市研究中心主任，上海市社会科学创新基地长三角区域一体化研究中心主任，上海高校智库上海城市发展协同创新中心主任、华东师范大学城市发展研究院院长、终身教授

编　委：

　　滕堂伟　华东师范大学城市与区域科学学院副院长、教授
　　曹贤忠　华东师范大学城市发展研究院副教授
　　朱贻文　华东师范大学城市发展研究院副教授
　　石庆玲　华东师范大学城市发展研究院副教授
　　胡　德　华东师范大学城市与区域科学学院讲师
　　朱妮娜　华东师范大学城市发展研究院博士后

吴林芳	华东师范大学城市发展研究院办公室秘书
胡森林	华东师范大学城市与区域科学学院博士生
郝　均	华东师范大学城市与区域科学学院博士生
杨　阳	华东师范大学城市与区域科学学院博士生
覃柳婷	华东师范大学城市与区域科学学院博士生
张　翌	华东师范大学城市与区域科学学院博士生
程丹亚	华东师范大学城市与区域科学学院博士生
陈鹏鑫	华东师范大学城市与区域科学学院硕士生
袁　荣	华东师范大学城市与区域科学学院硕士生
马　菁	华东师范大学城市与区域科学学院硕士生
陈　波	华东师范大学城市与区域科学学院硕士生
何静红	华东师范大学城市与区域科学学院硕士生

秘 书：

朱贻文　华东师范大学城市发展研究院副教授
　　　　（电子邮箱：ywzhu@geo.ecnu.edu.cn；
　　　　电话：021-62233781）

胡森林　华东师范大学城市与区域科学学院博
　　　　士生

摘要： 2020年11月14日，习近平总书记在南京召开的"全面推动长江经济带发展座谈会"上明确指出，要推动长江经济带高质量发展，打造区域协调发展新样板，构筑高水平对外开放新高地。本报告延续2016年以来的研究思路与框架，基于协同理论、增长极理论和区域韧性理论，构建了包含科技创新、经济发展、交流服务、生态支撑四大领域18个指标的长江经济带城市协同发展能力评价指标体系。为响应新时代国家高质量发展的要求，对标国内外最高水平设定了目标值，并以此作为城市协同发展能力计算的科学依据，并通过Moran's I空间自相关分析和得分–位序分析等方法，对长江经济带110个地级及以上城市的协同发展能力进行了系统评价。从城市得分上看，协同发展能力整体偏弱，110座城市平均得分10.13分，仅有龙头城市上海刚达及格线（66.01分），杭州、武汉、成都、南京等高级区域中心城市得分都低于50分，综合排名28位之后的城市得分均低于10分，全面提升长江经济带城市协同发展能力任重道远。从总的空间格局来看，城市协同发展能力呈现"东中西"阶梯式递减格局，上、中、下游城市协同发展能力的空间差异显著，总体呈现东高西低、省会城市和沿江沿海城市较高的态势。从四个分领域看，交流服务与科技创新呈现出的相关性最强（0.93），经济发展与交流服务（0.91）、科技创新（0.89）的相关性也很强，生态保护与其他三个领域都呈现弱的负相关关系（-0.23、-0.16、-0.12）。其中，交流服务领域110个城市平均分为15.57分，排名四大领域第一；经济发展与科技创新领域平均分分别为12.50、7.56分，分列第二、第三位；生态支撑领域110个城市平均分仅为7.49分，排名四大领域最后一位。为此，报告提出了以下四项政策建议：第一，重协同，提水平。紧扣一体化、高质量两个关键词，大幅提升长江经济带城市协同发展能力。第二，重联动，求平衡。充分发挥武汉、成都、重庆等中心城市辐射带动作用，建立、健全都市圈联动发展机制，促进邻近低水平中小城市的快速、高质量、平衡发展。第三，重科创、促升级。协同强化核心城市的科创策源能力，打破阻碍政产学研用一体化合作的壁垒，建立跨越行政界线的区域创新共同体，优化技术交易市场和技术推广体系。第四，重保护、谋长远。加大重点企业耗电量、污水排放量的调控力度，提高各市环保固定资产投资占GDP比重，重视生态绿色一体化发展示范区的试点与示范，彻底根治"长江病"。

关键词：长江经济带；协同发展；指数；城市发展；高质量发展

Abstract: November 14, 2020, President Xi Jinping clearly pointed out that we should promote the high-quality development of the Yangtze River Economic Belt (YREB) in the forum held in Nanjing, create a new model for regional coordinated development, and emphasis to build a new high level of opening up to the outside world. This report continues the research ideas and framework since 2016. Based on the synergy theory, growth pole theory and regional resilience theory, this report constructs an evaluation index system of urban collaborative development capacity in the YREB, which includes 18 indicators in four areas: scientific & technological innovation, economic development, communication & services and ecological support. In response to the requirements of national high-quality development in the new era, the target value is set for the highest status in domestic or international level, which is used as the scientific basis for the calculation of urban collaborative development capacity. Through Moran`s I spatial autocorrelation analysis and score rank analysis, the collaborative development capacity of 110 prefecture level and above cities in the YREB is systematically evaluated.

In terms of city scores, the overall ability of coordinated development is weak. The average score of 110 cities is

10. 13 points, only the leading city Shanghai reach the pass line (66. 01 points), and the scores of advanced regional central cities such as Hangzhou, Wuhan, Chengdu and Nanjing are less than 50 points. The scores of cities after the 28th place are less than 10 points. There is a long way to go to comprehensively enhance the coordinated development capacity of cities in the YREB. From the perspective of the overall pattern, the urban collaborative development capacity presents a ladder decreasing pattern of "east-to-middle-to-west". The spatial difference of the collaborative development capacity of upstream, middle and downstream cities of the Yangtze River is significant. On the whole, it shows a trend of high in the east and low in the west, and high in provincial capital cities and coastal cities along the river. From the four sub-areas, the correlation between communication & service and scientific & technological innovation is the strongest (0. 93), the correlation between economic development and communication & service (0. 91) and scientific & technological innovation (0. 89) is also very strong, and ecological support has a weak negative correlation with the other three areas (−0. 23, −0. 16, −0. 12). Among them, the average score of 110 cities in the field of communication &

services is 15. 57, ranking first in the four fields; The average scores in the fields of economic development and scientific & technological innovation were 12. 50 and 7. 56 respectively, ranking second and third respectively; The average score of 110 cities in the ecological support field is only 7. 49, ranking last in the four fields.

Therefore, the report puts forward the following four policy suggestions. Firstly, focus on synergy and improve the development level. Closely follow the two key words of integration and high quality, and greatly improve the coordinated development capacity of cities in the YREB. Secondly, emphasis the linkages and pursue the balance of the cities. Give full play to the radiation and driving role of central cities such as Wuhan, Chengdu and Chongqing, establish and improve the linkage development mechanism of metropolitan area, and promote the rapid, high-quality and balanced development of adjacent low-level small and medium-sized cities. Thirdly, focus on scientific innovation and promote upgrading. We will work together to strengthen the source capacity of science, innovation and policy in core cities, break the barriers hindering the integration of government, industry, university and application, establish a regional innovation community across administrative boundaries, and optimize the technology trading market and technology promotion system. Fourthly, focus on ecological protection and long-term development. We will strengthen the regulation and control of power consumption and sewage discharge of key enterprises, increase the proportion of environmental protection fixed asset investment in GDP, pay attention to the pilot and demonstration of ecological and green integrated development demonstration zone, and completely eradicate the "Yangtze River Disease".

Key words: Yangtze River Economic Belt; coordinated development; index system; urban development; high quality development

目 录

一 长江经济带城市协同发展的背景 …………（1）
（一）协同发展是世界经济发展的主旋律 ……（2）
（二）协同发展是中国经济高质量发展的最优
选择 …………………………………（4）
（三）协同发展是长江经济带新时期的核心
要求 …………………………………（8）

二 长江经济带城市协同发展能力评价
方法 ……………………………………（11）
（一）协同发展能力评价的理论基础 ………（12）
（二）指标体系构建与指标解释 ……………（18）
（三）计算方法与目标值设定 ………………（30）

三 长江经济带城市协同发展能力评价结果 ……（44）

（一）长江经济带城市协同发展能力排行榜 ……（44）

（二）长江经济带专题领域协同发展能力排行榜 ……（54）

（三）城市协同发展能力的空间关系分析 ……（63）

（四）主要结论与发现 ……（77）

四 全面推动长江经济带城市协同发展的对策建议 ……（79）

（一）强化制度衔接，推广先进经验，以生态创新助推绿色、高质量一体化发展 ……（80）

（二）破解各领域"断头路"难题，切实增强核心城市对周边区域的协同与带动效应 ……（82）

（三）建立多层次支持与帮扶机制，助力后发展、资源型城市快速崛起 ……（84）

（四）建立城市群协同发展体制机制，促进区域协调发展 ……（87）

专题报告　长江经济带新基建与高质量发展……（89）
　（一）新基建的总体格局………………………（94）
　（二）典型案例分析……………………………（99）
　（三）以新基建为抓手推动长江经济带高质量
　　　　发展…………………………………（115）

参考文献………………………………………（119）

一 长江经济带城市协同发展的背景

长江经济带发展战略是新时代重要的国家区域发展战略之一,城市协同发展是近期学术界关注的热点问题。2020年11月14日,习近平总书记在南京全面推动长江经济带发展座谈会上强调,要坚定不移贯彻新发展理念,推动长江经济带高质量发展,谱写生态优先绿色发展新篇章,使长江经济带成为中国生态优先绿色发展主战场、畅通国内国际双循环主动脉、引领经济高质量发展主力军。2016年以来,习近平总书记主持召开的三次座谈会,从上游重庆到中游武汉,再到下游南京;从"推动"到"深入推动",再到"全面推动",长江经济带发展这一国家重大区域发展战略的顶层规划一天天清晰起来,各项要求一步步得到落实推进。

从把全流域打造成黄金水道,到走生态优先、绿色发展之路，再到共抓大保护，不搞大开发、追求高质量发展，长江经济带高质量发展已取得初步成效，但仍有很长的路要走，城市协同发展作为推动长江经济带高质量发展的重要途径应该给予更多重视。

（一）协同发展是世界经济发展的主旋律

近几年反对经济全球化的声音层出不穷，但协同发展仍是世界经济发展的主旋律。全球化的道路不平坦，甚至会出现迂回曲折。但是，全球化的大方向和主旋律将不会改变，在促进包容性增长的前提下，全球化进程将得到可持续发展。2016年6月，英国发起全民脱欧公投，掀起世界逆全球化浪潮的序幕；2016年11月9日，以"让美国再次伟大""美国优先""保守主义"为口号的共和党竞选人特朗普当选美国总统，随即在其任期内出台了退出TPP、增加边境调节税等带有浓厚的贸易保护色彩的措施；2019年7月，日本启动针对韩国的半导体材料出口管制；2020年受新冠肺炎疫情的影响，美国、日本政府计划通过大量的经济补贴来促使其本国企业回流，以保证其供应链的完整性，在应对突如其来的风险时能够正常运行。但纵观经济全球化的进程，世界各国被经济全球化紧密地联系在一起，相互"脱钩"的代价极其昂贵，没有国家会选择完全"脱钩",愈加强烈的逆全球化声音,只是经济全球化发展过程中世界格局变化及各国应对策略调整的结果。

区域协同发展已经成为区域整体参与全球化的重要方式。欧盟从共同关税、共同大市场,到统一货币,其经济一体化发展趋势日益加强,目前,欧盟共有27个成员国,总面积414万平方公里,人口4.4亿,2019年地区生产总值13.92万亿欧元(不包含英国)占世界的30%以上,人均收入和对外投资均居世界前列,欧盟内部先后实施了波罗的海地区战略(EUSBSR)、多瑙河地区战略(EUSDR)、亚得里亚海和爱奥尼亚地区战略(EUSAIR)、阿尔卑斯地区战略(EUSALP)四个宏观区域战略(MRS),MRS不仅是支持经济社会一体化以及与邻国建立良好关系的有力工具,还是应对新的全球挑战的灵活工具。2020年9月24日欧盟委员会通过了欧盟宏观区域战略实施情况第三次报告,报告重点介绍了四个宏观区域战略共有的广泛而又相互联系的优先事项:环境与气候变化;创新与经济发展;运输、能源以及数字网络的连通性,欧盟通过采取宏观区域战略以提升其内部的协同性,进一步推动欧盟一体化。

东南亚国家联盟(Association of Southeast Asian Nations,ASEAN),目前有10个成员国:文莱、柬埔寨、

印度尼西亚、老挝、马来西亚、缅甸、菲律宾、新加坡、泰国、越南。东盟国家总面积约449万平方公里，人口6.49亿。2016年9月，第28届、第29届东盟峰会在老挝万象举行，主题为"将愿景变为现实，迈向充满活力的东盟共同体"，会议通过了《东盟愿景2025》《东盟互联互通总体规划2025》和第三份《东盟一体化倡议工作计划》；2019年11月，第35届东盟峰会在泰国曼谷举行。会议回顾了东盟共同体建设，就东盟未来发展方向、加强东南亚地区各领域可持续发展交换了意见；2020年4月，东盟关于新冠肺炎疫情特别峰会以视频会议形式举行。会议重点就东盟国家合作抗击疫情、恢复社会经济发展等交换了意见，发表了《特别峰会宣言》。东盟的存在加强了地区之间的团结与合作，地区之间协同发展让成员国拥有更好的发展机会，同时提升其在国际话语权体系中的地位。

（二）协同发展是中国经济高质量发展的最优选择

协同发展是中国历史发展的必然和应对当今世界格局剧变的最优选择。一方面，中国经济已由高速增长阶段转向高质量发展阶段，社会主要矛盾已经转化为人民日益增长的美好生活需要和不平衡不充分的发展之间的矛盾，传统上"以邻为壑"的相互竞争关系已不能满足高质量发展的要求。习近平总书记指出，要按照客观经济规律调整完善区域政策体系，发挥各地区比较优势，促进各类要素合理流动和高效集聚，增强创新发展动力，加快构建高质量发展的动力系统，增强中心城市和城市群等经济发展优势区域的经济和人口承载能力，增强其他地区在保障粮食安全、生态安全、边疆安全等方面的功能，形成主体功能明显、优势互补、高质量发展的区域经济布局。① 另一方面，面对经济全球化逆流，保护主义、单边主义上升，世界经济低迷，全球产业链供应链受非经济因素冲击，国际经济、科技、文化、安全、政治等格局深刻调整，国际"去中国化"的挑战和考验，2020年5月14日中共中央政治局常委会会议提出"深化供给侧结构性改革，充分发挥中国超大规模市场优势和内需潜力，构建国内国际双循环相互促进的新发展格局"。2020年9月1日，中共中央全面深化改革委员会第十五次会议提出要把构建新发展格局同实施国家区域协调发展战略、建设自由贸易试验区等衔接起来，在有条件的区域率先探索形成新发展格局，打造改革开放新高地。

---

① 《习近平谈治国理政》（第3卷），外文出版社2020年版，第270页。

在区域协同发展战略方面，中国先后实行京津冀协同发展、长江经济带、粤港澳大湾区、长三角一体化、黄河流域生态保护和高质量发展战略。2015年4月30日，中央政治局会议审议通过了《京津冀协同发展规划纲要》，《纲要》指出通过疏解北京非首都功能，调整经济结构和空间结构，促进区域协调发展，形成新增长极。2016年3月25日，中共中央政治局会议审议通过了《长江经济带发展规划纲要》，指出长江经济带要形成"生态优先、流域互动、集约发展"的思路，促进各类城市协调发展。2019年2月中共中央、国务院印发《粤港澳大湾区规划纲要》，《纲要》提出实施区域协调发展战略，充分发挥各地区比较优势，加强政策协调和规划衔接，优化区域功能布局，推动区域城乡协调发展，不断增强发展的整体性。2019年5月13日，中共中央政治局会议审议通过了《长江三角洲区域一体化发展规划纲要》，《纲要》指出推动长三角形成区域协调发展新格局、加强协同创新产业体系建设、提升基础设施互联互通水平、强化生态环境共保联治、加快公共服务便利共享、推进更高水平协同开放、创新一体化发展体制机制七个方面的重要任务，明确将长三角建设成全国发展强劲活跃增长极、全国高质量发展样板区。2020年8月20日，习近平总书记主持召开扎实推进长三角一体化发展座谈会，指出实施长三角一体化发展战略要紧扣一体化和高质量两个关键词，以一体化的思路和举措打破行政壁垒、提高政策协同，让要素在更大范围畅通流动，发挥各地区比较优势，实现更合理分工，凝聚更强大的合力，促进高质量发展；2020年10月14日，习近平总书记在深圳经济特区建立40周年庆祝大会上指出，要积极作为深入推进粤港澳大湾区建设，推动三地经济运行的规则衔接、机制对接，加快粤港澳大湾区城际铁路建设，促进人员、货物等各类要素高效便捷流动，提升市场一体化水平，同时以大湾区综合性国家科学中心先行启动区建设为抓手，加强与港澳创新资源协同配合。[①] 2020年8月31日，中共中央政治局会议审议了《黄河流域生态保护和高质量发展规划纲要》，会议强调要因地制宜改善黄河流域生态环境，要采取有效举措推动黄河流域高质量发展，加快新旧动能转换，建设特色优势现代产业体系，优化城市发展格局。习近平总书记重要讲话和系列政策文件表明，协同发展是中国过去经济高速发展的法宝，也是未来高质量发展的不二选择。

[①] 习近平：《在深圳经济特区建立40周年庆祝大会上的讲话》，人民出版社2020年版，第11页。

（三）协同发展是长江经济带新时期的核心要求

长江经济带作为中国重要的经济带，贯穿上海、浙江、江苏、安徽、江西、湖北、湖南、重庆、四川、贵州、云南九省二市，横跨中国东、中、西三大地带，涵盖处于不同发展阶段的110座地级市，国民经济生产总值和人口均超过全国层面的40%，经济发展速度高于全国平均水平，推动长江经济带发展是中国经济发展从非均衡走向均衡高质量的重要路径，实现东、中、西联动，形成更为协调的区域发展格局。2020年11月14日，习近平总书记在全面推动长江经济带发展座谈会上强调，要推进长江经济带畅通国内大循环，坚持全国一盘棋思想，在全国发展大局中明确自我发展定位，探索有利于推进畅通国内大循环的有效途径。要把需求牵引和供给创造有机结合起来，推进上中下游协同联动发展，强化生态环境、基础设施、公共服务共建共享，引导下游地区资金、技术、劳动密集型产业向中上游地区有序转移，留住产业链关键环节。要推进以人为核心的新型城镇化，处理好中心城市和区域发展的关系，推进以县城为重要载体的城镇化建设。习近平总书记的重要讲话明确了长江经济带未来的发展路径，即推动长江经济带实现以县城为载体的城镇化，畅通国内大循环。

协同发展是长江经济带高质量发展的内在要求。2019年11月5日，习近平总书记在第二届中国国际进口博览会开幕式主旨演讲中指出，将持续推动长江经济带发展、长三角一体化协同发展，增强开放联动效应。2020年9月18日，习近平总书记在湖南考察时强调要牢固树立绿水青山就是金山银山的理念，在生态文明建设上展现新作为，要坚持共抓大保护、不搞大开发，做好洞庭湖生态保护修复，统筹推进长江干支流沿线治污治岸治渔，做好渔民转产安置和民生保障工作。

长三角区域有望引领长江经济带协同发展。长三角区域是中国经济最具活力、开放程度最高、创新能力最强的区域之一，是"一带一路"倡议和长江经济带的重要交汇点。2019年长三角区域生产总值23.72万亿元，以不到4%的国土面积，创造出中国近1/4的经济总量，1/3的进出口总额。2019年5月13日，中共中央政治局审议《长江三角洲区域一体化发展规划纲要》，明确长三角全国发展强劲活跃增长极、全国高质量发展样板区、区域一体化发展示范区、新时代改革开放新高地的战略定位，推动形成区域协调发展新格局；2020年8月20日，习近平总书记主持召开扎实推进长三角一体化发展座谈会，指出实施长三角一体化发展战略要紧扣一体化和高质量两个关键词，以一体化的思路和举措打破行政壁垒、提高政策协同，让要素在更大范围畅通流动，发挥各地区比较优势，实现更合理分工，凝聚更强大的合力，促进高质量发展；2020年11月12日，习近平总书记在浦东开发开放30周年庆祝大会上的重要讲话强调，浦东新区要更好统筹国内国际两个市场两种资源，增强资源配置能力，提高对资金、信息、技术、人才、货物等要素配置的全球性影响力，努力成为国内大循环的中心节点和国内国际双循环的战略链接，在长三角一体化发展中更好发挥龙头辐射作用。同时，也要加快同长三角共建辐射全球的航运枢纽，提升整体竞争力和影响力。也就是说，长三角区域肩负着率先打造协同发展的示范和引领长江经济带协同发展的重任，勇于挑最重的担子、啃最硬的骨头，努力成为更高水平改革开放的开路先锋、全面建设社会主义现代化国家的排头兵、彰显"四个自信"的实践范例，更好地向世界展示中国理念、中国精神、中国道路。

二 长江经济带城市协同发展能力评价方法

2020年11月14日,习近平总书记在南京召开的"全面推动长江经济带发展座谈会"上指出,要推动长江经济带高质量发展,打造区域协调发展新样板,构筑高水平对外开放新高地。为了接轨国际最高水平、体现国内发展趋势,本报告以国内外先进地区的发展程度为依据,针对每个指标分别设定了目标值,并以此作为各个城市发展水平评价的科学依据。

在理论层面,本部分从区域协同理论、竞争优势理论、区域经济韧性理论阐释了长江经济带城市协同发展能力评价的科学基础;在指标体系层面,构建了包括了经济发展、科技创新、交流服务、生态支撑四个维度18个指标构成的长江经济带城市协同发展能力评价指标体系;在方法层面,依据国内外先进地区发展水平、未来趋势推算,以目标值作为标尺对指标得分进行计算；在实证层面，采用国家部委或地方政府官方统计数据，为长江经济带城市协同发展能力指数提供了可靠支撑。

（一）协同发展能力评价的理论基础

1. 区域协同理论

协同理论由德国著名物理学家、斯图加特大学教授哈肯（H. Hake）创立，是以系统论（System Theory）、控制论（Cybernetics Theory）、信息论（Information Theory）及结构耗散理论（Dissipative Structure Theory）等为基础发展起来的一门新兴学科。该理论运用数理统计学和动力学相结合的方法，以极为直观的方式描述了系统（要素）在微观到宏观过程中由无序到有序的转变规律。

根据协同理论的观点，系统内各子系统之间的协同取决于发展的目标，而系统参与主体的本质是追求经济或社会利益最大化。因此，追求利益最大化是维系协同发展的关键动力源和直接动力源，在区域协同发展初级阶段起关键作用。

一是区域内各子系统协同发展就能实现整个区域及各主体的利益最大化。以经济子系统与环境子系统协同为例，一方面环境子系统为经济子系统的经济发展提供各类资源和物质保障，所以区域环境的改善必将有利于区域经济的发展；另一方面，经济发展能够促进技术进步，技术进步促使现有资源的使用效率提高和寻找到可以替代的可再生资源。再以经济子系统与社会子系统协同为例，一方面经济的发展为社会发展提供资金支持，有利于社会公共服务基础设施的建设与改善，同时经济发展提供了较多的就业机会，改善就业环境，促进社会稳定和谐；另一方面社会系统为经济系统提供高素质的劳动力和新技术，有利于增加经济总量和提高经济质量，从而推动经济的转型升级。再以社会子系统与环境子系统协同为例，一方面，社会子系统中科学教育、卫生医疗水平的提高，使得人们的知识素养和健康得到保障，进而促进科学家能够更加投入到科学研究中，从而促进科学技术的发展，尤其是环境治理技术和修复技术的提高，有利于环境污染治理和环境质量的改善；另一方面，环境的改善给人们带来了良好的生产、生活和生态环境，使人们各方面的素养不断提高，进而促进社会的全面进步。

二是如果区域内各子系统不能相互协调必然带来各协同主体利益受损。以经济子系统与环境子系统不协同为例，一方面经济发展需要资源为支撑，追求不合理的经济增速，必然加大对资源的开采力度，导致资源的匮乏和环境的恶化，甚至破坏环境系统的再生；

另一方面为了防治污染，保护和恢复生态环境，就要增加环保资金投入和限制部分产业发展，影响经济发展。再以经济子系统与社会子系统不协同为例，一方面经济发展水平的不平衡，经济发达地区对落后地区的虹吸效应，造成人口的过度集聚，严重影响欠发达地区的人口结构和人口素质，造成社会发展的不均衡；另一方面社会系统中，人口的增长率过高，会占据大量的经济发展的土地、资本等生产要素，不利于经济发展。再以社会子系统与环境子系统的不协同为例，一方面，社会系统中人口的过度膨胀会加剧对资源的掠夺，同时生活垃圾超标给环境带来压力，影响环境子系统的发展；另一方面，过于强调环境保护导致某些产业不能发展，就会减少人们的就业机会和降低收入水平，进而影响人们生活水平和生活质量。

综上所述，我们可以得出，区域发展存在着复杂的多重特征关系。如果区域各子系统能够相互协同，就能实现区域经济、社会和资源环境的和谐发展，如图2-1所示。

2. 增长极理论

针对区域（城市）的发展，各国学者提出了许多具有价值的理论与范式，其中具有代表性的是增长极理论（growth pole theory）。法国经济学家弗朗索瓦·

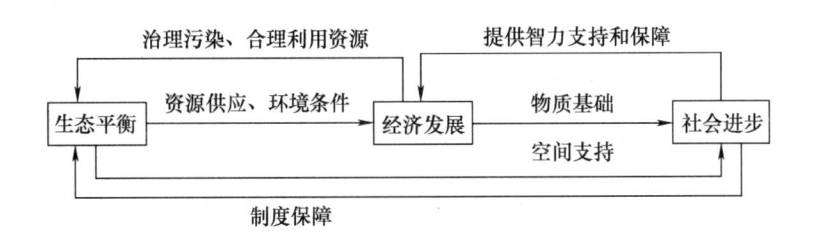

图 2-1 经济、社会和资源环境各子系统的区域协同效应

佩鲁（Francois Perroux）在自己多年潜心研究的基础上，运用支配效应理论于20世纪50年代提出了增长极理论。该理论认为，区域的增长并不是同时发生的，而是在某些增长点或者增长极上首先出现，之后通过由内向外的扩散模式，不断影响整个区域的增长。增长极理论指出经济空间是"各种不同关系的集合"，是"抽象关系的构成体"，是一种具有向心力和离心力的力场经济空间概念。具体而言，是指经济在地理空间上增长不是均匀地发生的，它以不同的强度呈点状分布，通过各种渠道影响区域经济。佩鲁的增长极理论认为经济发展在空间上呈现出非均衡性，根据理论，区域内的经济发展关键取决于是否能够建立一系列推动性产业，通过产业的集聚化发展推进区域增长中心形成。一般来看，增长极中心的形成应具有一定的历史传承及资源禀赋优势。

增长极理论不仅强调了推动性产业对区域经济发展的作用，也强调了政府和企业在推动性产业产生中的巨大作用，这种集聚的形成和发展的过程需要政府扮演重要的角色来引导和支持。法国地理学家布代维尔（J. R. Boudeville）在20个世纪60年代拓展了增长极理论，并且将区域的增长极界定为城市区，通过核心增长城市区向周围城市区的扩散和影响，实现经济的发展和产业的进一步推进。如图2-2所示，从城市竞争力增长的视角，确定了经济竞争力和增长极之间的逻辑递进关系。在周围环境、增长传递机制和推动性产业的共同作用下，形成了城市发展的增长极，这些增长极将成为城市竞争力提升的重要支撑。

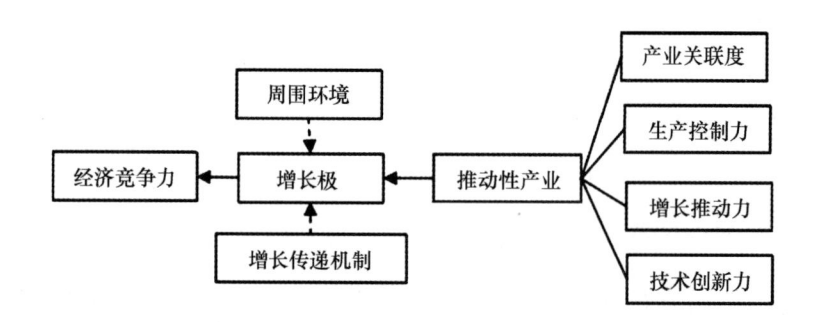

图2-2 增长极与城市经济竞争力之间的关系

3. 区域经济韧性理论

韧性（resilience）是一个起源于物理学、工程学、生态学等学科的概念，指一个系统遭受外部冲击后维持自身稳定并恢复原有状态的能力。经济地理学引入了区域经济韧性（regional economic resilience）的概念，试图理解不同地区抵御经济冲击和恢复能力的差异，在区域经济学、经济地理学等领域应用广泛。区域经济的发展总会遇到各种冲击或扰动：周期性的经济衰退、竞争对手的出现、市场变化、技术革新带来的挑战等，无论是激烈的形式如金融危机、技术革命，还是慢性燃烧（slow burn），都可能使其陷入困境。有些地区在冲击后能够迅速恢复重回增长轨道，有些地区则逐渐衰落下去。政策制定者同样对区域经济韧性表现出了浓厚的兴趣，近年来有关国家、区域和地方层面经济发展的政策论述中，充满了"构建韧性区域经济"重要性的讨论。

当前中国正处于经济转型阶段，区域经济发展问题层出不穷，尤其是老工业基地、资源枯竭型城市等区域，其产业结构、经济体制、环境问题等较为突出，导致这些地区面对外部冲击（金融危机、市场变化、政策变化、自然灾害等）时受冲击影响较为严重，经济恢复与重振需要新的理论指导，而区域经济韧性为解决这些问题提供了新的理论视角。区域经济韧性是一个动态演化过程，因此其具有复杂适应系统的非线性动态特征，系统组件间具有复杂的反馈和自组织相互作用，更多的是反映区域经济系统的一个动态演化发展过程，用来表示区域经济系统随着时间演化的长期调整适应发展过程。如图2-3所示，危机抵抗性主要指经济系统面对冲击扰动影响的抵抗程度，即区域经济受冲击影响的程度，抵抗性高的区域其经济受冲击影响较小，危机抵抗性主要受区域冲击前发展路径的影响，受其结构特征、竞争力、体制机制等因素影响。适应恢复性主要表征区域系统通过对产业结构、劳动力、技术水平、政策组织等调整以适应冲击引起的环境变化，以迅速恢复系统功能，维持区域持续发展的能力，主要包括区域经济系统内部调整适应的程度、系统恢复速度以及恢复程度与特征。上述两个过程同时存在并相互影响。

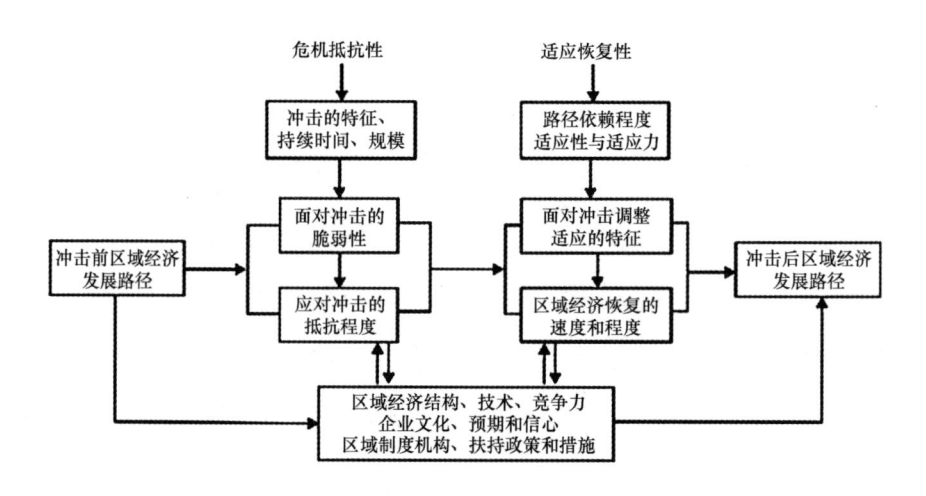

图 2-3 区域经济面对冲击的韧性过程

（二）指标体系构建与指标解释

长江经济带城市协同发展能力指数指标体系（2020 年）由四个要素层与 18 个具体指标组成（如表

2-1所示)。在要素层中,从"经济发展""科技创新""交流服务"与"生态支撑"四个方面综合考察其协同发展能力;在指标层中,通过综合GDP水平、财政科技支出额、新基建受媒体关注程度、环保固定资产投资占GDP比重等具体指标对各个要素层的内涵进行精准刻画。本指标体系的数据主要来自近年各相关省份统计年鉴、各相关城市统计年鉴、各相关城市国民经济和社会发展统计公报等官方发布的统计数据。

表2-1　长江经济带城市协同发展能力评价指标体系(2020年)

要素层	指标层
经济发展	综合GDP水平
	当年实际使用外资金额
	全国制造业500强总部数
	银行总行支行数
	社会消费品零售额
科技创新	财政科技支出额
	"双一流"建设学科数量
	合作发明专利申请数量
	从事科技活动人员数量
交流服务	新基建受媒体关注程度
	机场客货运量
	铁路班次数量
	互联网用户数

续表

要素层	指标层
生态支撑	环保固定资产投资占 GDP 比重
	气象灾害损失值
	单位 GDP 耗电量
	单位工业产值污水排放量
	空气质量指数（AQI）

1. 经济指标

（1）综合 GDP 水平

为了兼顾区域经济总量和区域人均水平，本指标由城市 GDP 总量和人均 GDP 两部分组成。GDP（国内生产总值）是指一个地区（国家），包括本地居民、外地居民在内的常住单位在报告期内所产生和提供最终使用的产品和服务的价值。人均 GDP 是指一个地区（国家）核算期内实现的国内生产总值与这个地区（国家）的常住人口的比值。原始数据经标准化处理后，城市 GDP 总量和人均 GDP 指标的权重各占 50%。GDP 总量和人均 GDP 数据均来源于各省市《统计年鉴》、各个城市《国民经济和社会发展统计公报》。

（2）当年实际使用外资金额

当年实际使用外资金额指合同外资金额的实际执行数，是衡量经济对外开放程度的常用指标。外商投资在促进中国城市经济总量增加、优化升级产业结构、推动对外贸易发展、增加就业等方面起到了重要作用。

当年实际使用外资金额既能反映城市吸引外部投资和对外合作联系的能力，又可以在一定程度上体现区域经济的增长潜力和影响力。当年实际使用外资金额数据来源于《中国城市统计年鉴》。

（3）全国制造业500强总部数

制造业500强总部数量能够较好地反映企业自身优势与地区资源优势空间耦合效应，该指标已被广泛使用。企业基于区域间资源优势差异，为实现价值链与区域资源的最优空间耦合，形成总部集群布局。各城市制造业500强总部数量能刻画出长江经济带制造业500强企业总部空间布局特征，为区域产业结构优化升级，促进区域协调发展的分析提供基础数据支撑。本报告中的相关指标来自中国企业联合会、中国企业家协会等发布的中国制造业企业500强榜单。

（4）银行总行分行支行数

银行总行分行支行数量是通过加权统计城市所拥有的一定级别的银行网点计算出的。银行作为现代经济运行的核心，对经济的支撑和调控愈加显著。银行业是地区金融活动的主要机构，也是金融资源的重要载体，主导着中国现阶段的金融体系。因此，银行数量能够表征城市金融行业的发展水平，能够反映城市金融控制力和经济影响力。本报告基于银监会银行名录，确定银行总部所在地，对不同级别的银行总行赋予权重。此外，利用百度地图兴趣点（POI）数据，获取各地市拥有的银行分行和支行数，赋予与城市商业银行相同的权重，最终加和计算得出该指标。

（5）社会消费品零售总额

社会消费品零售总额是衡量全社会经济消费活跃程度的重要指标，包括的内容有企业通过交易售给个人、社会集团，非生产、非经营用的实物商品金额，以及提供餐饮服务所取得的收入金额，按商品类别又可分为食品类零售额、日用品类零售额、文化娱乐品类零售额、衣着类零售额、医药类零售额等。社会消费品零售总额数据来源于各个城市年度统计公报、《中国城市统计年鉴》。2018年，长江经济带上社会消费品零售额前五的城市分别是上海、南京、武汉、成都和重庆。

2. 创新指标

（1）财政科技支出额

由于科技创新本身的高成本、高风险、回报周期漫长和不确定性等特点，决定了政府必须对科技投入领域进行干预。财政科技支出额是指政府及其相关部门为支持科技活动而进行的经费支出。在中国提出建设创新型国家的形势下，这一指标能有效反映城市科技投入水平和地方政府对科技创新的重视程度。财政科技支出额的数据来源于各个城市年度统计公报、《中国城市统计年鉴》。

(2)"双一流"建设学科数量

"双一流"建设学科数量体现了城市高端人才和科技的综合实力和集聚情况，能够衡量城市的创新环境及创新潜力。建设世界一流大学和一流学科，是党中央、国务院在新的历史时期，为提升中国教育发展水平、增强国家核心竞争力、奠定长远发展基础做出的重大战略决策。"双一流"建设为高校以及地方建设与发展提供了机遇，对城市的人才培养、人才集聚、科研成果转换、教育、经济、科研实力等方面都存在重要的影响。本报告依据教育部公布的国家"双一流"学科建设名单，按照城市汇总统计得到该指标数据。

(3) 合作发明专利申请数量

合作发明专利申请数量能有效度量城市间的创新合作强度。城市间的创新合作有利于获取外部知识和创新资源，进而促进城市的科技发展。为了突出长江经济带城市间的协同能力，本报告选取的合作发明专利指标是城市之间的合作专利数量，不包含合作主体位于同一城市的情况。合作发明专利申请数量的数据来源于国家专利信息数据库。2018年，长江经济带合作发明专利申请数量排名前五的城市是上海、南京、杭州、合肥和苏州。

（4）从事科技活动人员数量

科技活动人员数量是科技人力资源中的基本要素之一，也是进行科技活动的主体，具体是指直接从事科技活动，以及专门从事科技活动管理和为科技活动提供直接服务的人员。城市创新能力的大小、发展的快慢与科技人力资源的数量、质量、结构、开发利用状况密切相关。从事科技活动人员数量的数据来源于各个城市年度统计公报、年度统计年鉴和《中国城市统计年鉴》。

3. 交流指标

（1）新基建受媒体关注程度

与传统基建相比，新型基础设施建设内涵更丰富，更能体现数字经济特征，将成为助推中国经济转型升级的新增长点。新基建主要包括5G基站建设、特高压、城际高速铁路和城市轨道交通、新能源汽车充电桩、大数据中心、人工智能和工业互联网七大领域。新基建受媒体关注程度能够从一定程度上反映其发展水平。发展水平越高，越能支撑智慧城市的建设，与其他城市的联系程度更高。本报告新基建受媒体关注程度数据通过抓取网站数据获得。从百度网站爬取2019年1月1日至2019年12

月31日同时出现包含上述七大领域的关键词和110个地级市名称的新闻数量。整体上，上海、南京、苏州、合肥、武汉、长沙、重庆、成都、贵阳等经济发展水平较高或政府重视新基建的城市，其新基建受媒体关注程度较高。

（2）机场客货运量

机场客货运量可以表征机场的规模和效率，能反映一个城市的对外交往能力，是一个城市国际影响力的重要体现。航空运输业对于城市资源的集聚及配置能力与效率、在世界城市体系中的地位和能级、对外部的服务和辐射作用等十分重要。当前世界被公认的国际化大都市大多拥有两个以上的机场，航运繁忙、航空运输业发达。故机场客货运量是一个协调水平型指标。为了便于统一量纲，依据相关研究中旅客吞吐量和货物吞吐量之间1∶9的占用资源比，将货运吞吐量换算为旅客吞吐量并进行加权计算。两种数据均来源于各个城市年度统计公报、年度统计年鉴和《中国城市统计年鉴》。

（3）铁路班次数量

铁路班次数量是指一个城市内各个火车站点出发或经停的客运班次总数，能够反映一个城市与外界的交流程度和联系强度，也能体现出城市在区域中的辐射能力。铁路客运交通作为城市发展运送人流、物流的重要通道,既是连接城市的重要纽带,也在促进城市间的资源流通整合、物质和信息共享方面发挥着重要的作用。因此,铁路班次数量是协调水平型指标。本报告利用本地宝网站(http://hcp.bendibao.com/)的"车站查询"功能,获取长江经济带中各个城市的主要火车站的班次数量和列车类型。其中,旅客列车班次的主要类型包括高铁(G字头)、城际(C字头)、动车(D字头)、直快(Z字头)、特快(T字头)和快速(K字头)列车。最终结果通过各类型列车型号数加权求和计算得出。长江经济带中,上海、南京、杭州、武汉、徐州等区位优势明显的城市,其铁路班次数量处于第一梯队。

(4)互联网用户数

互联网用户数能反映城市的信息化水平和信息交流能力。互联网已经成为社会经济生活中不可或缺的重要组成部分。在网络时代,互联网活跃度高的城市更容易在城市网络中占据重要节点位置,并在区域协同发展中发挥重要作用。因此,互联网用户数这一指标更多体现城市的协调水平。相关数据来自《中国城市统计年鉴》。长江经济带中,上中下游城市群核心城市的互联网用户数远远多于其他城市,呈现出核心—边缘结构。

4. 生态指标

（1）环保固定资产投资占 GDP 比重

环保投资占 GDP 的比重，表征一个地区的生态环境保护能力，是一个表现自身绿色发展水平的指标。环保投资力度在一定程度上能够反映当地对环保的重视程度及环保建设的强度，加大环保投资有助于提高区域生态环境水平，并及时处理潜在的生态安全问题，进而促进城市"社会—经济—自然"复合生态系统协调发展。本报告通过查找《中国城市建设统计年鉴》获得排水、园林绿化、市容环境卫生三项市政公共设施建设固定资产投资的数据，进而加和计算获得该指标。长江经济带中，环保投资占比处于第一梯队的城市并不是经济发展水平最高的城市，而是阜阳、赣州、抚州、保山和南充等生态环境较好的城市。

（2）气象灾害损失值

气象灾害损失值能表征气象受灾情况和国家的抗灾能力，可反映出灾害对人类和生态的破坏程度。国际上多数国家把气象防灾减灾视为可持续发展的前提条件。同时，气象灾害是长江流域主要面临的生态风险，其造成的损失通常涉及多个区域，而区域间有效的协调防治能更好地减灾抗灾。对长江经济带城市协同发展能力的评价应充分评估区域发展面临的生态风险和抗灾能力。为更客观反映区域气象灾害情况，本报告对长江经济带近三年气象灾害受灾人数和经济损失的平均值进行标准化后加总处理，以此评估长江经济带城市发展中的自然灾害风险和防御情况。

（3）单位 GDP 耗电量

单位 GDP 耗电量指一个地区在一定时期内每产生万元 GDP（国内生产总值）所消耗掉的电能，能够衡量经济可持续发展能力与产业结构水平。该指标既能直接反映地区经济活动对能源的依赖程度，也能够从侧面反映区域经济增长方式、环境规制效果、工业技术水平等多方面内容。因此，该指标在一定程度上能反映城市自身的发展效率和质量。本报告中，该指标涉及的全市全社会用电量和 GDP 数据均来自《中国城市统计年鉴》。长江经济带中，单位 GDP 耗电量较少的城市为舟山、资阳、自贡、长沙和常德等城市，上海、南京等经济总量较高的城市单位 GDP 耗电量处于中上水平。

（4）单位工业产值污水排放量

单位工业产值污水排放量，是指一个地区在一定时期内每单位国内工业产值所产生的工业废水排放量。该指标直接反映了经济活动对水环境的影响，能够量化表征经济与环境的协调发展程度。提高长江经济带各城市的水环境综合治理能力和提升城市群的生态支撑协同能力，对实现长江经济带整体的协同发展具有重要意义。因此，单位工业产值污水排放量是一个协调发展型指标。基于此，本报告纳入单位工业产值污水排放量来反映长江经济带中各城市的经济增长绿色化程度及其面临的水环境风险，为区域环境问题的联防联治提供参考。工业废水排放量数据源自《中国城市统计年鉴》，工业产值数据来源于各城市统计年鉴。长江经济带中，单位工业总产值污水排放量最少的五座城市都是边缘城市，分别是巴中、南充、随州、永州和鹰潭。上海、南京等核心城市单位工业总产值污水排放量处于中上水平。

（5）空气质量指数（AQI）

空气质量指数（Air Quality Index，AQI）是定量描述空气质量状况的无量纲指数，常作为研究空气质量的一个指标。空气质量指数是依据当天监测的 PM10、PM2.5、NO_2、CO、SO_2 及 O_3 六种污染物含量计算得出，能综合反映当天空气质量。空气质量指数的数值越大、级别越高以及表征颜色越深，表明空气质量越差，空气污染状况越严重。空气质量指数不仅表征大气环境质量，还能反映城市对空气质量问题的重视及治理的投入力度，在一定程度上反映城市居民的环保意识，以及该城市经济发展质量和创新驱动转型的成效。它更多是一个城市自身发展水平的指标。数据来源于中国生态环境部官方网站公布的数据。

（三）计算方法与目标值设定

长江经济带城市协同发展能力评价按指标赋权、设定目标值、数据标准化、指数计算四个步骤进行。指标体系权重采取逐级分配的方式，首先，将长江经济带协同发展指数的总体权重设为100%；其次按目标层下属的四个要素层，按经济发展（权重20%）、科技创新（权重30%）、交流服务（权重20%）、生态支撑（权重30%）的比例分配；最后在每个要素层下的每个具体指标等分分配。

本报告依据国内外先进地区发展水平、未来发展趋势，对每个指标设定了目标值（见表2-2），并以此作为110个城市指标得分的基准。在对指标进行计算前，首先区分该指标是属于正向指标还是负向指标，对属于正向指标的数据，将目标值的水平设定为100分，把指标数据与目标值相比较，指标数据与目标值的比值即为初始得分；对于属于负向指标的数据，首先把数据进行反向化处理，随后再将目标值的水平设定为100分，把指标数据与目标值相比较，指标数据与目标值的比值即为初始得分。计算中若出现负值统一进行归零处理。某个城市在某个指标上得分越高，则可以表征城市当年在该领域表现越好,初始得分越小则可以表征城市表现越差。

根据指标定义进行计算,分别得到长江经济带110个城市相应的要素层和具体指标得分,城市的某一级得分越高表示该城市在这一级表现越好,整体得分越高则表明该城市在长江经济带协同发展中水平越高。

表2-2 指标目标值设定(2020年)

要素层	指标层	指标性质	计量单位	目标值	设定依据
经济发展	综合GDP水平	正向	/	178.02	国际先进水平(参照纽约、芝加哥)
	当年实际使用外资金额	正向	亿美元	210	国内领先水平(参照上海、北京)
	全国制造业500强总部数	正向	个	30	国际先进水平(参照东京、巴黎)
	银行总行支行数	正向	个	5000	国内领先水平(参照重庆、上海)
	社会消费品零售额	正向	亿元	14442	国内领先水平(参照北京、上海)
科技创新	财政科技支出额	正向	亿元	426	国内领先水平(参照北京、上海、苏州)
	"双一流"建设学科数量	正向	个	63	国内领先水平(参照北京、上海、南京)
	合作发明专利申请数量	正向	个	1138	国际先进水平(参照巴黎、纽约)
	从事科技活动人员数量	正向	万人	30	国际先进水平(参照柏林、东京、首尔)

续表

要素层	指标层	指标性质	计量单位	目标值	设定依据
交流服务	新基建受媒体关注程度	正向	次	800	国家发展要求（新兴指标）
	机场客货运量	正向	加权得分	7359	国际先进水平（参照洛杉矶、伦敦、东京）
	铁路班次数量	正向	次	988	国家发展要求
	互联网用户数	正向	万人	1401	国际先进水平（参照洛杉矶、旧金山）
生态支撑	环保固定资产投资占GDP比重	正向	%	6	国际先进水平（参照巴黎、芝加哥、多伦多）
	气象灾害损失值	负向	/	0	国家发展要求
	单位GDP耗电量	负向	千瓦时/万元	81.625	国际先进水平（参照东京、大阪）
	单位工业产值污水排放量	负向	百吨/亿元	4.25	国际先进水平（参照巴黎、伦敦、芝加哥、纽约）
	空气质量指数（AQI）	负向	/	10	国际先进水平（参照多伦多、悉尼）

1. 经济发展目标值

（1）综合GDP水平

目标值：178.02

该指标需考虑总量和人均两方面。从GDP总量来看，2019年长江经济带GDP为457805亿元，同比增长6.9%，但与世界领先水平相比仍有差距。全球协同发展较高的有纽约、伦敦、东京等城市，其中，伦敦和东京为各自国家的首都，而纽约与上海更相似，是各自国家的经济中心。2018年，纽约的GDP总量为8017亿美元，而长江经济带最高的上海为5452亿美元，因此以此水平作为GDP总量的目标值。从人均GDP来看，国际上通行的一般以人均2万美元作为达到发达经济体的标准，故以此作为长江经济带人均GDP的目标值。把两者经标准化后，综合GDP水平的目标值为178.02。

（2）当年实际使用外资金额

目标值：210亿美元

长江经济带发展作为中国区域发展的重大战略之一，在2018年确立了"共抓大保护、不搞大开发"的发展基调，希望以长江经济带的高质量发展，推动国家经济高质量发展。只有实际利用外资才能真正体现区域外资利用水平。2018年实际使用外资金额超过100亿美元的城市有上海、成都、重庆3个城市，其中上海市全年外商直接投资实际到位金额190.48亿美元，增长10.1%，超过10亿美元的城市有37个，占长江经济带城市总数的三分之一，而110个城市的总使用外资金额超过1400亿美元。预计2020年超过100亿美元的城市能增加到10个，当年实际使用外资金额将继续增长 10% 以上。放眼全国，北京当年实际使用外资金额为 142 亿美元，低于上海的水平。因此以上海、北京等国内领先城市的水平为参照，目标值设定为 210 亿美元。

（3）全国制造业 500 强总部数

目标值：30 个

制造业 500 强总部数量直接反映了区域龙头企业的实力，能够刻画未来区域产业发展能力。2018 年制造业 500 强企业总部位于长江经济带的数量为 206 个，其中上海、无锡、苏州、重庆、杭州 5 个城市就占了 97 个，上海市有 19 个。放眼世界 500 强企业，2018 年北京拥有 56 家世界 500 强企业总部，东京拥有 38 家，巴黎拥有 18 家，而上海只有 7 家世界 500 强企业总部，与北京、东京的差距还很大。对标国际先进水平，并结合长江经济带领先城市的实际水平为参照，目标值设定为 30 家。

（4）银行总行分行支行数

目标值：5000 家

银行是城市经济发展和金融活动的服务者，银行业务的繁荣也能反映出区域经济发展的活力。2018 年银行支行数量超过 1000 家的城市共 17 个，其中上海超过 3000 家，重庆超过 4000 家，长江经济带所有城市的银行支行数量约为 7 万家。目前国内银行支行数量最多的城市是北京，重庆、上海、成都紧随其后。预计2020年银行支行数量超过1000家的城市将增长到30个，长江经济带所有城市的银行支行数量将增加到9万家。以领先的上海和重庆等城市的水平为参照，目标值设定为5000家。

（5）社会消费品零售总额

目标值：14442亿元

社会消费品零售总额反映出了区域经济消费能力，也是刻画区域经济发展活力的重要指标。2018年长江经济带所有城市的社会消费品零售额约为15万亿元，其中社会消费品零售额超过1万亿元的城市只有上海市，超过1000亿元的城市有38个。预计2020年长江经济带所有城市社会消费品零售额总数将增长到20万亿元，超过1000亿元的城市将会增加到60个，2019年上海市社会消费品零售总额13497.21亿元，比上年增长6.5%。放眼全国，当年北京的社会消费品零售额12270.1亿元，与上海大致相当。以国内领先的北京、上海等城市的水平为参照，目标值设定为14442亿元。

2. 科技创新目标值

（1）财政科技支出额

目标值：426亿元

2018年，长江经济带财政科技支出额前五位城市分别为上海、苏州、武汉、杭州和合肥，分别达到426亿元、152亿元、134亿元、118亿元和91亿元。以排名第一的上海来看，其科技支出额占财政总支出的比重约为5.1%，高于同年全国4.31%的平均水平。不过，中国科技支出额占财政总支出的比重呈波动趋势，20世纪80年代长期处于5%以上的水平，并达到过5.61%的峰值，近年北京研发经费支出也达到过1479.8亿元的高位。因此，作为长江经济带的龙头城市，上海也应努力在现有基础上，进一步提高财政科技支出额的比例。以长江经济带领先的上海等城市的水平为参照，财政科技支出额的高位目标值设定为426亿元。

（2）"双一流"建设学科数量

目标值：63个

2018年，长江经济带"双一流"建设学科数量前五位的城市分别为上海、南京、武汉、杭州和合肥，分别达到57、40、29、19、15个。根据2020年版的"QS世界大学排名"，中国有六所高校进入前100强，其中四所（复旦大学、浙江大学、上海交通大学、中国科学技术大学）位于长江经济带，在全球总体上处于领先位置，但与美国、英国等传统高等教育大国还存在一定差距。目前，中国正着力推进"双一流"学科建设，未来各个城市高水平学科数量应有稳步提升。

近期来看，长江经济带"双一流"建设学科数量应努力争取有 10% 左右提升后的数量。照此发展趋势推算，目标值设定为 63 个。

（3）合作发明专利申请数量

目标值：1138 件

2018 年，长江经济带合作发明专利申请数量的前五位城市分别为上海、南京、杭州、苏州和合肥，分别达到 1084、661、521、334、324 件。同年，从可比口径看，中国的国际专利申请量已达到 53345 件，仅次于美国的 56142 件，排名全球第二位，与美国仅相差 5%，中国的专利申请数量总体上已达到全球领先水平。因此长江经济带合作发明专利申请数量也应把目标设为 5% 左右提升后的数量。按此水平进行测算，目标值设定为 1138 个。

（4）从事科技活动人员数量

目标值：30 万人

平均仅为 1.5 万人，与 38/130 折算

2018 年，长江经济带从事科技活动人员数量的前五位城市分别为上海、成都、武汉、杭州和重庆，分别达到 26.8 万人、18.7 万人、9.1 万人、8.8 万人和 8.2 万人。中国虽然在科研人员数量的总量上全球领先，但人均水平较低。清华大学技术创新研究中心发布的《国家创新蓝皮书》显示，2012 年中国每万名劳

动力拥有研发人员数量为 38 人/万名，远低于日本（133 人/万名）、韩国（135 人/万名）、德国（132 人/万名）、俄罗斯（111 人/万名）等国家。作为体现创新驱动国家战略的长江经济带城市，在从事科技活动人员数量上还要有大幅提升。按发展趋势推算，近期目标值可设定为 40 万人。

3. 交流服务目标值

（1）新基建受媒体关注程度

目标值：800 次

2020 年 5 月 22 日，国务院总理李克强代表国务院向十三届全国人大三次会议作政府工作报告。政府工作报告指出，支持加强新型基础设施建设，发展新一代信息网络，拓展 5G 应用，建设充电桩，推广新能源汽车，激发新消费需求、助力产业升级。2019 年，长江经济带上，新基建受媒体关注程度排名前十的城市有上海、南京、杭州、重庆、成都、武汉、苏州、合肥、长沙和贵阳。可以看出，上中下游核心城市都十分关注新基建的发展。随着新基建被写入政府工作报告，以及后疫情时代对新基建的需求增加，关于新基建的讨论和报道会快速增长，目标值设定为 800 次。

（2）机场客货运量

目标值：7359.44

2018年，长江经济带机场客运量前五位城市为上海、成都、昆明、重庆和贵阳，分别达到5921万人次、5295万人次、4709万人次、3047万人次和2009万人次；机场货运量前五位的城市为上海、成都、杭州、昆明和武汉，分别为4175700万吨、665000万吨、640896万吨、428300万吨和198474万吨。国际机场理事会（Airports Council International，ACI）发布 *World Airport Traffic Report*，列出了2018年全球客运和货运最繁忙的20大机场名单。在客运方面，洛杉矶国际机场、伦敦希思罗机场和东京羽田机场等八个机场排在浦东国际机场前。在货运方面，仅香港国际机场和孟菲斯国际机场排在浦东国际机场之前。以此水平为参照，客运量和货运量保持稳定增长的目标值可分别设为5666万人次和684950万吨，按客货运占用资源比9∶1折算后，客货运总量为7359.44。

（3）铁路班次数量

目标值：988次

2018年，长江经济带铁路班次数量前五位城市为武汉、上海、南京、长沙和杭州，分别达到988次、914次、871次、746次和667次。为适应人们出行需求，中国铁路班次会在不同季节进行时间上和次数上的微小调整，但整体铁路班次变化不大。在后疫情时代，铁路交通班次数量基本保持稳定。因此，近期目标值仍然以 2018 年长江经济带城市最高班次为参考依据，设定为 988 次。

（4）互联网用户数

目标值：1401 万人

2018 年，长江经济带互联网人数前五位城市为重庆、上海、成都、苏州和杭州，分别达到 1274 万人、875 万人、679 万人、588 万人和 509 万人。近十年，中国互联网用户数年增长率达 8.9%。2018 年，全球互联网公司市值 TOP20 中，美国占 14 席，中国占 5 席。14 个美国公司主要分布在加利福尼亚州和华盛顿州，而 5 个中国企业分布在北京、杭州和深圳。大体推出，中国互联网发展水平仍有较大上升空间，随着新基建的推进，互联网用户将进一步增长。另外，长江经济带中大城市多，互联网用户数较多，可估计长江经济带互联网用户数能达到 10% 的年增长率。参照长江经济带领先城市的发展趋势，近期目标值设定为 1401 万人。

4. 生态支撑目标值

（1）环保固定资产投资占 GDP 比重

目标值：6%

2018 年，长江经济带环保固定资产投资占 GDP 比重排名前五的城市为阜阳、赣州、抚州、保山和南充,分别达到2.28%、2.18%、1.69%、1.62%和1.10%。许多发达国家在20世纪70年代,环境保护投资占GDP的比例就基本达到2%以上。《全国城市生态保护与建设规划》(2015—2020年)提出,到2020年,中国环保投资占GDP的比例目标不低于3.5%。根据巴黎、芝加哥、多伦多等发达国家城市的水平,一般可达到4%—6%。因此把长江经济带环保固定资产投资占GDP比重的目标值设为6%。

(2) 气象灾害损失值

目标值:0

该指标为反向指标。2018年,长江经济带气象灾害经济损失后五位城市分别达到0.72亿元、0.90亿元、1.39亿元、1.43亿元和1.50亿元。气象灾害受灾人口前五位城市为武汉、重庆、成都、毕节和黄冈,分别达到166.79万人、148.20万人、144.73万人、143.12万人和142.61万人。经加总计算后,长江经济带气象灾害损失值排名前五的城市分别为成都、武汉、重庆、毕节、黄冈,分别达到203、179、166、154和153。自改革开放以来,气象灾害直接经济损失每年都在上升,而受灾人数在呈逐渐减少趋势。因此,将气象灾害损失值的目标值设为最低值,即为零。

(3) 单位 GDP 耗电量

目标值：81.625 千瓦时/万元

该指标为反向指标。2018 年，长江经济带单位 GDP 耗电量后五位城市分别为舟山、资阳、自贡、长沙、常德，分别达到 181.76、245.86、290.37、330.53 和 335.70 千瓦时/万元。2017 年和 2018 年连续两年政府工作报告指出，未来一年单位 GDP 能耗下降 3% 以上。2018 年国家统计局能源司发布报告指出，2017 年单位 GDP 能耗比 1978 年累计降低 77.2%，年均下降 3.7%。单位 GDP 耗电量与单位 GDP 能耗有较高的相关性。2018 年长江经济带平均水平为 653 千瓦时/万元，中国与世界水平相差较大，约为发达国家（日本）的 8 倍。参考东京、大阪等城市的发展水平，最低目标值可设定为 81.625 千瓦时/万元。

(4) 单位工业产值污水排放量

目标值：0.0425 万吨/亿元

该指标为反向指标。2018 年，长江经济带单位工业产值污水排放量后五位城市分别为巴中、南充、随州、永州和鹰潭，分别达到 0.17、0.23、0.23、0.24 和 0.28 万吨/亿元。根据民银智库报告，2017 年中国省会城市单位 GDP 的废水排放量下降 10.9%。随着绿色发展理念深入人心及科学技术的进步，可估计长江经济带单位工业产值污水排放量将下降 12% 左右。目前，中国每增加单位GDP的废水排放量比发达国家高4倍。参考巴黎、伦敦、芝加哥、纽约等城市的发展水平，将最低目标值设为0.15万吨/亿元。

(5) 空气质量指数（AQI）

目标值：10

该指标为反向指标。2018年，长江经济带空气质量指数最好的五座城市为丽江、安顺、六盘水、遵义和保山，分别为44、45、46、46和47。按国内标准，AQI低于50为一级（优级），低于150为三级（中度污染）。然而，中国目前处于工业快速发展时期，现有的空气质量指数计算标准是宽松的过渡期标准，与发达国家的标准有一定的差距，中国AQI为0—25的空气质量按北美国家的标准才被归为优等级。对标多伦多、悉尼等国际较高水平，这里将空气质量指数的目标值设为10。

三 长江经济带城市协同发展能力评价结果

本部分使用最近 3 年的平均数据，采用层次分析法、熵权法等计算指标体系计算方法，对长江经济带城市协同发展能力指数进行测算，进而对长江经济带城市的协同发展能力，以及经济发展、科技创新、交流服务、生态支撑四个分领域的协同发展能力进行综合评价；进一步采用空间计量分析方法对 2020 年度各城市在空间分布特征以及内在驱动因子等方面进行深入分析和评价。

（一）长江经济带城市协同发展能力排行榜

通过对长江经济带城市协同发展能力指数的综合计算，得到 2020 年长江经济带城市协同发展能力排行榜（见表3-1）。从榜单可以看出，上海、杭州、武汉、成都、南京、重庆、苏州、长沙、宁波、合肥10个城市居排行榜的前10名。上海作为龙头城市，在长江经济带各城市中独领风骚。杭州坐拥第二的排名位置；凭借数字经济的独特优势，杭州近年来的发展可谓一路高歌猛进。杭州市人大2020年《关于杭州市数字经济发展情况的报告》显示，自2014年以来，全市数字经济核心产业对经济增长贡献率超过50%；2019年数字经济核心产业更是实现15.1%的高增速。此外，排名前10的城市中除武汉、成都、南京、重庆、长沙和合肥外，非省会城市江苏苏州、浙江宁波也位居其中。苏州紧邻上海，拥有得天独厚的区位条件，交通十分便捷，是全国工业总产值第二大城市、经济总量第一大地级市。作为长江三角洲城市群重要的中心城市之一及G60科创走廊中心城市的重要组成部分，处在上海的紧密联系圈层内，是上海的强辐射区，城市发展在很大程度上受到上海的辐射作用影响。历经近40年发展转型，目前苏州拥有6个国家级经济开发区，如苏州工业园区、昆山经济开发区，以及2个国家级高新区，如苏州高新技术产业开发区和昆山高新技术产业开发区。以新能源、生物技术和新医药、高端装备制造为代表的高技术、高附加值产业，也逐渐取代传统的纺织、钢铁、机械及各色代工企业，成为引领苏州经济发展和产业升级的主力。"以港兴市，以市促港"一直是宁波发展的关键特点所在。作为全球第三大集装箱港宁波港的依托城市，利用优良的对外经济连接度，宁波形成了石化、汽车制造、港铁及船舶制造等几大支柱产业。此外，高度活跃的中小民营企业，也为推动整个城市的经济发展水平及综合实力的全面提升发挥了举足轻重的作用。

表3-1　长江经济带城市协同发展能力排行榜（2020）

排名	城市	指数	排名	城市	指数	排名	城市	指数
1	上海	66.01	19	绍兴	12.84	37	上饶	8.45
2	杭州	45.00	20	嘉兴	12.77	38	遵义	8.23
3	武汉	41.63	21	金华	11.93	39	内江	7.87
4	成都	39.83	22	赣州	11.68	40	九江	7.86
5	南京	39.46	23	绵阳	11.64	41	丽水	7.78
6	重庆	34.24	24	台州	11.57	42	阜阳	7.67
7	苏州	29.89	25	襄阳	10.40	43	岳阳	7.63
8	长沙	25.97	26	镇江	10.35	44	抚州	7.42
9	宁波	24.71	27	芜湖	10.27	45	蚌埠	7.25
10	合肥	23.95	28	湖州	9.97	46	衡阳	7.18
11	无锡	22.45	29	扬州	9.86	47	六盘水	7.17
12	昆明	20.62	30	盐城	9.52	48	连云港	7.06
13	贵阳	15.86	31	泰州	8.90	49	宜春	7.06
14	常州	15.80	32	舟山	8.79	50	淮安	7.02
15	温州	14.97	33	宜昌	8.68	51	常德	7.00
16	南通	14.67	34	株洲	8.63	52	安顺	6.94
17	南昌	14.26	35	南充	8.57	53	毕节	6.83
18	徐州	13.42	36	郴州	8.47	54	衢州	6.46

续表

排名	城市	指数	排名	城市	指数	排名	城市	指数
55	马鞍山	6.45	74	荆州	5.58	93	黄冈	4.82
56	永州	6.44	75	景德镇	5.58	94	乐山	4.76
57	遂宁	6.35	76	怀化	5.57	95	自贡	4.74
58	十堰	6.22	77	资阳	5.56	96	张家界	4.68
59	曲靖	6.19	78	丽江	5.51	97	临沧	4.67
60	保山	6.15	79	宿迁	5.39	98	亳州	4.66
61	湘潭	6.14	80	安庆	5.36	99	淮南	4.63
62	黄山	6.11	81	鄂州	5.36	100	益阳	4.51
63	吉安	6.06	82	普洱	5.31	101	萍乡	4.51
64	德阳	6.05	83	玉溪	5.28	102	昭通	4.48
65	宣城	5.97	84	攀枝花	5.24	103	淮北	4.41
66	广元	5.96	85	荆门	5.14	104	宜宾	4.40
67	宿州	5.85	86	广安	5.10	105	铜陵	4.37
68	滁州	5.82	87	新余	5.09	106	咸宁	4.37
69	鹰潭	5.81	88	泸州	5.00	107	随州	4.37
70	六安	5.74	89	娄底	5.00	108	雅安	4.25
71	铜仁	5.74	90	达州	4.97	109	眉山	3.60
72	巴中	5.67	91	孝感	4.85	110	池州	3.55
73	邵阳	5.63	92	黄石	4.83			

排行榜的最后10个城市分别为萍乡、昭通、淮北、宜宾、铜陵、咸宁、随州、雅安、眉山和池州。从总的空间格局来看，长江经济带城市协同发展能力依然呈现东高西低、省会城市和沿江沿海城市较高的态势。

长江经济带各城市的协同发展能力与其位序近似

服从 Zipf 的规模位序分布规律，除去极大值（第 1 名）和极小值（最后 1 名）城市后，得分的对数与其排序的拟合优度达到了 80.76%（见图 3-1）。2020 年度规模—位序拟合线反映长江经济带城市的协同发展水平呈现较为差异化的特点。可见，如何实现城市生态、创新、经济等方面的协同发展，进而提升长江经济带的整体协同发展能力，仍然是今后相当一段时间内有待提升和解决的重要问题。

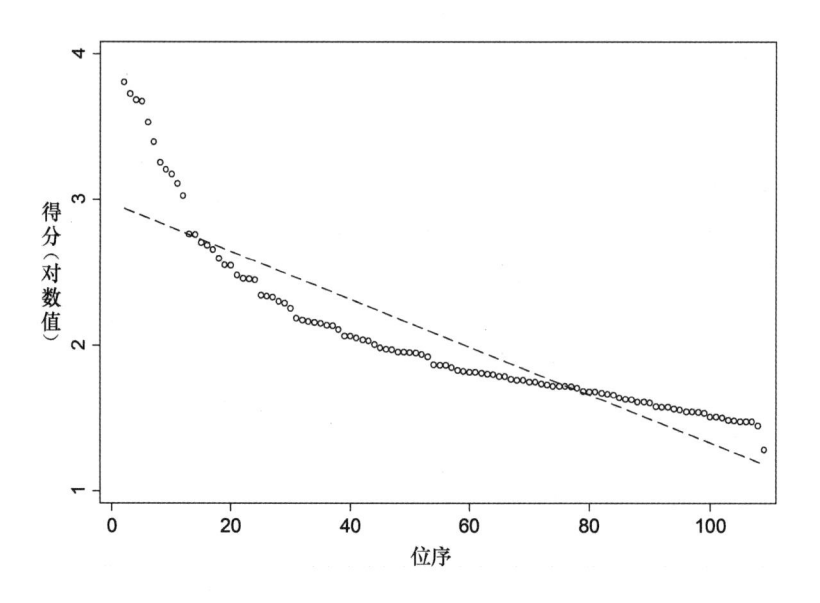

图 3-1 长江经济带城市协同发展能力的得分-位序分布（2020）

长江经济带内部各城市间的协同发展能力差距比较显著。在长江经济带城市协同发展能力指数得分中，其自然断裂点分别为 45、21.5、8、6 和 5。据此，可以将长江经济带 110 个城市分为六个等级。

第一类城市：龙头城市（得分66.01分）

这类城市仅含上海一座城市。上海的协同发展能力在长江经济带110个城市中排名首位，得分遥遥领先于排在第2位的杭州，是长江经济带协同发展的龙头城市。上海在经济发展、科技创新、交流服务等领域协同发展能力得分都位居榜首，生态支撑协同发展能力位列第10位。上海作为中国最大的经济中心，拥有雄厚的经济实力，丰富的科技创新资源，以及辐射全流域的交通设施和生产性服务业，在辐射带动整个长江经济带协同发展上也具有一定的制度创新优势和前期发展经验，对长江经济带全流域发展具有重大影响。近年来，上海在环保固定投资、单位GDP耗电量以及单位工业产值污水排放量上表现优异，同时，上海市持续加大环保工作力度，通过发展环境友好型新兴产业，着力推动以"垃圾分类"等为代表的绿色生活方式，加快绿色发展方式转变，取得了较为显著的绿色发展成效，提升了城市的整体环境治理水平。

第二类城市：高级区域中心城市（得分21.5—45分）

包括排名第2—11位的杭州、武汉、成都、南京、重庆、苏州、长沙、宁波、合肥、无锡共计10座城市。这10座城市分别位居长江上、中、下游，是对长江经济带三大城市群（成渝城市群、长江中游城市群和长三角城市群）具有辐射带动作用的区域性节点城市。这10座城市在经济发展、科技创新、交流服务领域拥有雄厚的基础，在三个排行榜中都名列前茅，然而在生态支撑领域表现相对落后，平均协同指数为6.20，相当于生态支撑领域排名的第61位；在经济发展、科技创新、交流服务领域的平均协同指数分别为43.33、38.80和52.73，在各分领域排名中分别相当于第7、6、6位。其中，南京、武汉和杭州的科技创新处于领先地位，二者在合作专利数量以及重点高校数量方面均处于明显优势地位，不仅是长三角城市群重要的科创中心，也是长江经济带重要的科创中心。武汉在铁路客运数量以及重点高校数量上处于领先地位，是长江经济带重要的铁路节点和科创中心。成都在从事科技活动人员数量以及银行总分支行数上处于领先地位，是长江上游地区的科创中心；此外，成都的航空运输量在长江上游地区位居魁首，是辐射西部、联通东南亚地区的重要航空节点。作为成渝城市群重要的经济中心城市，成都和重庆在GDP以及利用外资规模上处于领先地位。苏州在合作专利数量、财政科技支出都处于较为领先的地位，是长三角地区重要的科创中心和经济中心；杭州和无锡作为全国制造业500强企业总部聚集地，是长三角地区重要的制造业服务中心；合肥在科技创新领域表现突出，是国家三大综合性科学中心之一，也是全国首个科技创新型试点城市。

第三类城市：一般区域中心城市（得分8—21.5分）

包括排名第12—38位的昆明、贵阳、常州、温州、南通、南昌、徐州、绍兴、嘉兴、金华、赣州、绵阳、台州、襄阳、镇江、芜湖、湖州、扬州、盐城、泰州、舟山、宜昌、株洲、南充、郴州、上饶、遵义计27座城市。这类城市虽然在综合能力上逊色于前两类城市，但往往在个别分专题领域表现突出，例如贵阳作为全国首个国家大数据综合试验区核心区，是中国最重要的数据中心基地，而数字经济产业也成为这座城市实现经济转型升级、跨越式发展的重要支撑；嘉兴在科技创新方面表现优异，拥有嘉兴科技城、嘉兴秀洲高新技术产业开发区、嘉兴高新技术产业园区等多个科创平台，科创实力雄厚，成为长江经济带重要的科创高地。

第四类城市：区域重要城市（得分：6—8分）

包括排名第39—64位的内江、九江、丽水、阜阳、岳阳、抚州、蚌埠、衡阳、六盘水、连云港、宜春、淮安、常德、安顺、毕节、衢州、马鞍山、永州、遂宁、十堰、曲靖、保山、湘潭、黄山、吉安、德阳共计26座城市。这类城市的总体协同能力一般，辐射带动能力一般。不过，这些城市大多是地方性经济中心，在当地对邻近区域具有一定的辐射带动能力；个别专业化的城市依赖当地某类自然禀赋（如矿业城市马鞍山、六盘水），在个别领域有较强的对外服务功能，其未来的协同发展能力提升空间较大。

第五类城市：地方重要城市（得分：5—6分）

包括排名第65—89位的宣城、广元、宿州、滁州、鹰潭、六安、铜仁、巴中、邵阳、荆州、景德镇、怀化、资阳、丽江、宿迁、安庆、鄂州、普洱、玉溪、攀枝花、荆门、广安、新余、泸州、娄底共计25座城市。这类城市总体协同能力较弱，辐射带动能力相对有限。这类城市或者在经济发展、科技创新、交流服务、生态支撑各个分领域的协同水平都不够突出；甚至在某一个领域表现较差，导致总指数排名靠后，比如丽江、娄底等城市，在经济发展、交流服务、生态支撑领域表现尚可，但其在科技创新上的表现却较差。这类城市协同发展能力的提升空间较大，未来需准确定位城市自身的优势，克服限制其协同发展的短板领域，从而提升整体协同发展水平。

第六类城市：地方一般城市（得分<5分）

包括排名第90—110位的达州、孝感、黄石、黄冈、乐山、自贡、张家界、临沧、亳州、淮南、益阳、萍乡、昭通、淮北、宜宾、铜陵、咸宁、随州、雅安、眉山、池州共计21座城市。这类城市协同发展能力薄弱，与前五类城市相比差距显著。限制这类城市协同发展的因素主要有两个：一是存在生态支撑或科技创新等领域的短板，且经济基础薄弱，而其他领域又不突出；二是对外联系强度很低，交流服务能力较弱，城市内几乎没有任何突出的对外服务功能，属于完全靠内生服务功能支撑的地方城市。这类城市未来亟待补齐短板、增强对外联系，积极融入区域整体的协同发展。

从空间分布来看，长江经济带内上、中、下游城市的协同发展能力存在比较明显的差异。长江下游地区是协同发展能力高值集聚区，存在上海一个辐射全经济带的中心和具有重要影响力的杭州、武汉、成都、南京、重庆、苏州等区域性中心城市，城市间协同发展能力水平差异不大，已步入区域一体化阶段，是长江经济带其他地区发展的样板区。长江中游地区的协同发展能力居中，除武汉、长沙和南昌三个省会城市协同发展能力较强外，其余城市的协同发展能力并不突出，说明这一区域的协同能力受行政级别影响较大，城市间各种资源流动存在较大壁垒，市场调配资源的能力受到较大限制，处在非均衡发展阶段，城市间未能形成基于资源优势互补的互动关系或者"辐射效应"，更多体现为中心对周边的"虹吸效应"，而这种发展方式值得警惕；此外，中游地区协同能力较高的城市呈现沿京广线和京九线带状分布的特征。长江上游地区的协同发展能力依然非常低,仅重庆、成都的协同发展能力较为突出。该区域内城市主要位于中国地势的第一阶梯,自然地理环境较为恶劣,长期以来城市发展受阻,属于低水平发展地区;加之对外通达度和联系度较弱,受"路径锁定"效应的影响明显,该区域内协同发展能力的空间差异较大。

(二)长江经济带专题领域协同发展能力排行榜

以下将分别对长江经济带各城市在经济发展、科技创新、交流服务与生态支撑四个专题领域的协同发展能力及四个领域协同能力的相关关系依次进行深入剖析,以便更好地理解长江经济带各城市的整体协同发展能力排名及其变化的主要原因。

1. 长江经济带城市经济协同发展能力排行榜

表3-2列出了长江经济带城市经济协同发展能力前十名与后十名城市的具体排名与指数。从空间分布来看,前十名中有六个城市位于长三角地区,四个城市位于长江经济带中上游地区。从前十名指数变化来看,第1名上海与第2名重庆指数差距较大,除上海

外，其他九个城市指数相差较小。稳居第一的上海在综合GDP水平、当年实际使用外资金额以及社会消费品零售额等方面在长江经济带中占据绝对龙头地位，同时在制造业500强总部数量和银行总行支行数量上也稳居前列，拉开了上海与前十名其他城市的差距。在全国制造业500强总部数量上，无锡以28家制造业500强总部数量超过上海22家以及苏州7家。无锡制造业"主角"地位稳固的主要原因是无锡的传统制造业具有优势，虽然在综合GDP水平上不及上海和苏州，但是无锡民营经济比较发达。苏州外资投资建厂较多，高度依赖外资发展经济，美国特朗普政府对中国采取的经济打压无疑影响了苏州经济协同发展能力。在银行支行数量方面，重庆市银行支行的数量高达4352家，远超过上海的3031家，这与重庆近年来致力营造优质金融生态环境以及另辟蹊径的培育发展新金融业为突破口的金融业发展思路息息相关。

后十名城市均位于长江经济带中上游地区，经济协同发展指数差距较小，且以云南省的城市居多。云南省的保山、普洱、丽江、临沧和昭通五个城市的综合GDP水平、当年实际使用外资金额、制造业500强总部数量以及银行总行支行数量等指标与目标值均相差较大，尤其是当年实际使用外资金额和制造业500强总部数量方面。可见在经济发展领域云南省需挖掘这五个城市的特色、加大力度提升其吸引外商投资和制造业500强总部落地的基础配套设施和优惠政策。

表3-2 长江经济带城市经济协同发展能力前十和后十名（2020）

前十名				后十名			
排名	城市	指数	所在省市	排名	城市	指数	所在省市
1	上海	79.68	上海	101	张家界	3.37	湖南
2	重庆	57.58	重庆	102	广元	3.34	四川
3	杭州	57.21	浙江	103	毕节	3.25	贵州
4	无锡	49.60	江苏	104	安顺	3.24	贵州
5	成都	45.74	四川	105	保山	2.11	云南
6	苏州	44.31	江苏	106	巴中	1.99	四川
7	武汉	43.69	湖北	107	普洱	1.84	云南
8	宁波	42.40	浙江	108	丽江	1.74	云南
9	长沙	35.76	湖南	109	临沧	1.58	云南
10	南京	34.87	江苏	110	昭通	1.36	云南

2. 长江经济带城市科创协同发展能力排行榜

在科创协同发展领域，长江经济带各城市协同发展能力的前十名与后十名的排行榜见表3-3。前十名中有六个城市集中在长三角地区，其余四个城市武汉、成都、重庆、长沙均是位于长江经济带中上游地区的省会城市或直辖市。第1名上海的科创协同指数遥遥领先于其他城市，在一定程度上佐证了长江经济带的创新资源与创新能力的空间集聚度较高。南京的经济协同发展能力位于第10名，但科创协同发展能力十分突出，仅次于上海，位于第 2 名，说明近年来南京举全市之力建设创新名城，面向全球，以开放姿态集聚创新资源，深度融入全球创新网络，与一批创新大国、科技强国建立长期稳定合作关系，布局建设了一批海外协同创新中心和人才驿站等举措取得显著成效。高校创新资源分布极不平衡，在"双一流"建设学科数量上，长江经济带上科创协同指数排名前十的城市均有"双一流"建设学科，其余 100 个长江经济带城市中只有无锡、南昌、贵阳、昆明拥有。从事科技活动人员数量上，上海和成都遥遥领先，其次是武汉，随后是杭州。杭州的经济协同与科创协同发展能力较为均衡，排在第 4 名。宁波的财政科技支出额和合作发明专利申请数量多于长沙，但其"双一流"建设学科数量和从事科技活动人员数量远少于长沙，使得长沙的排名稍领先于宁波。

后十名城市均处于长江经济带中上游区域，科创协同发展能力指数相差微小。其中有六个城市集中在四川省，这六个城市财政科技支出额、从事科技活动人员数量以及合作发明专利申请数量等均与目标值相差较大，科创协同能力较为薄弱，还未形成稳定的创新合作网络，说明四川省在科创协同发展方面要加强成都对眉山、广安、广元、巴中、雅安和遂宁六个城市的辐射效应，减少虹吸效应。

表 3-3　长江经济带城市科创协同发展能力前十和后十名（2020）

前十名				后十名			
排名	城市	指数	所在省市	排名	城市	指数	所在省市
1	上海	96.43	上海	101	眉山	0.74	四川
2	南京	60.20	江苏	102	随州	0.61	湖北
3	武汉	56.66	湖北	103	新余	0.60	江西
4	杭州	55.90	浙江	104	广安	0.59	四川
5	成都	46.74	四川	105	广元	0.56	四川
6	合肥	36.06	安徽	106	临沧	0.55	云南
7	苏州	34.66	江苏	107	巴中	0.49	四川
8	重庆	34.06	重庆	108	雅安	0.47	四川
9	长沙	25.22	湖南	109	遂宁	0.42	四川
10	宁波	23.42	浙江	110	张家界	0.21	湖南

3. 长江经济带城市交流服务能力排行榜

交流服务是区域间协同发展的重要基础条件，表 3-4 给出了长江经济带城市交流服务协同能力前十与后十名排行榜。需要指出，本报告把新基建受媒体关注程度纳入长江经济带城市交流服务能力指标层。

前十名中有五个城市位于长三角地区，五个城市位于长江经济带中上游地区，空间分布相对均衡。从具体指数看，上海交流服务能力处于长江经济带首位，且遥遥领先于其他城市，是长江经济带的龙头城市。杭州的交流服务协同能力稳居第二名。成都、武汉、重庆、长沙、昆明五个区域性中心城市在交流服务协同能力方面表现突出，体现了在交通与信息交流方面的枢纽地位。昆明在新基建受媒体关注程度、互联网用户数量相比其他城市明显较少,但在机场客货运量方面远超南京、重庆、武汉等城市。

表3-4　长江经济带城市交流服务能力前十和后十名(2020)

前十名				后十名			
排名	城市	指数	所在省市	排名	城市	指数	所在省市
1	上海	95.63	上海	101	舟山	3.79	浙江
2	杭州	75.60	浙江	102	雅安	3.74	四川
3	成都	74.01	四川	103	玉溪	3.65	云南
4	武汉	67.52	湖北	104	张家界	3.46	湖南
5	南京	62.02	江苏	105	攀枝花	3.41	四川
6	重庆	52.11	重庆	106	丽江	3.27	云南
7	苏州	45.82	江苏	107	临沧	3.20	云南
8	长沙	45.70	湖南	108	普洱	3.11	云南
9	昆明	43.09	云南	109	保山	2.96	云南
10	宁波	36.86	浙江	110	景德镇	2.03	江西

后十名城市中有五个位于云南省,分别是玉溪、丽江、临沧、普洱和保山。这五个城市除了交流服务协同能力较差外,在经济发展、科技创新和生态支撑等领域也较落后。受地形、自身经济发展水平等因素影响,目前临沧、普洱和保山三市的铁路班次数量为0,城市新基建数量刚实现零的突破,且互联网用户数量与长江经济带其他城市相比均较少。云南省这五个城市要想在长江经济带发展的大背景下受益,就需突

破自然地理环境的限制，进一步提高其人员、信息等方面的对外交流能力。

4. 长江经济带城市生态支撑协同发展能力排行榜

将长江经济带建设成为中国生态文明建设的先行示范带是国家对长江经济带的四大定位之一。长江经济带内的各个城市都要担当"共抓大保护、不搞大开发"重大责任。本次在生态支撑能力评价的指标层去掉了高危企业数量，且设置目标值，对标国际标准。从长江经济带城市生态支撑领域协同发展能力排行榜来看（见表3-5），前十名除舟山外，其余均位于长江经济带中上游区域，指数变化微小。舟山市生态支撑协同能力处于整个长江经济带的首位，缘于舟山市作为海洋开发试验区，在生态环境保护方面采取的有效行动。舟山市以环境承载力为基点逐岛定位实施65个面积大于1平方公里主要岛屿生态功能引导策略，推进分类分区开发保护以及在浙江省首创环评批文与排污许可证同步核发，探索破解既依法严格把关又提升服务效能的难题等策略。保山市的空气质量指数（AQI）为43.08，高于目标值10，但是其环保固定资产投资占GDP的比重远高于目标值、单位GDP耗电量和单位工业产值污水排放量均低于目标值，这些因素综合，导致其排名靠前。

表3-5 长江经济带城市生态支撑协同发展能力前十和后十名(2020)

前十名				后十名			
排名	城市	指数	所在省市	排名	城市	指数	所在省市
1	舟山	17.13	浙江	101	盐城	3.98	江苏
2	保山	16.32	云南	102	咸宁	3.81	湖北
3	安顺	16.08	贵州	103	宿迁	3.66	江苏
4	六盘水	15.07	贵州	104	宜宾	3.64	四川
5	南充	14.25	四川	105	眉山	3.64	四川
6	赣州	14.21	江西	106	黄冈	3.62	湖北
7	丽江	14.07	云南	107	马鞍山	3.56	安徽
8	巴中	14.06	四川	108	孝感	3.35	湖北
9	遂宁	13.74	四川	109	荆州	3.25	湖北
10	抚州	13.01	江西	110	铜陵	3.22	安徽

后十名城市在长江经济带上中下游区域均有分布。从具体指标看，安徽的马鞍山和铜陵生态协同能力均较差。在安徽省生态环保督察工作的指导下，马鞍山市和铜陵市的生态保护工作均取得一些成效。但马鞍山作为中国七大铁矿区之一，产业结构偏重工业，铜陵煤矿资源丰富，能源结构偏煤，区域固有的产业结构和能源结构导致生态环境问题短期内难以改变，污染物排放总量居高不下。位于长三角城市群的盐城、马鞍山和铜陵的经济发展水平排名靠前，而生态环境保护水平排名非常靠后，环境污染较为严重，需要重视经济发展带来的生态风险，加强清洁技术的研发和应用，改变以环境污染为代价的经济发展模式。该榜

单为排名后十的城市在生态支撑协同发展方面敲响了警钟。

5. 长江经济带城市不同领域协同能力的相关关系

通过使用统计分析方法对长江经济带各城市在经济发展、科技创新、交流服务与生态支撑四个领域的数据进行处理分析，验证了各城市在这四个方面协同发展的相关关系。从图 3-2 可以看出，科技创新与交流服务能力呈现出的相关性最强，相关系数高达 0.9344，不同尺度创新结网的形成、创新主体互动、创新要素的流动均有赖于与之配套的交流服务水平支撑。其次是经济发展与交流服务，二者相关性为 0.9129，即经济发展水平高的城市往往也具有较强的交流服务能力，交流服务能力强的城市其经济发展水平也较高。科技创新协同发展能力较强的城市其经济发展协同能力也较强，二者的相关系数达到 0.8874。生态支撑协同发展能力与经济发展、科技创新以及交流服务之间均表现出负相关关系，相关系数依次是 -0.2333、-0.1256、-0.1627，说明随着长江经济带生态文明建设的推进，经济发展与生态环境保护水平之间的矛盾依然突出，交流服务能力的改善并没有在生态环境领域得到更多有效的投入与转化应用，科技创新能力的提升对生态环境保护领域的倾斜力度不够。总之，长江经济带生态环境问题依然突出，迫切需要加强经济发展、科技创新和交流服务领域与生态支撑领域的协同发展。未来需制定更加有效的协同发展举措，借助生态工业园区建设、生态创新等多元手段实现绿色发展、高质量一体化发展。

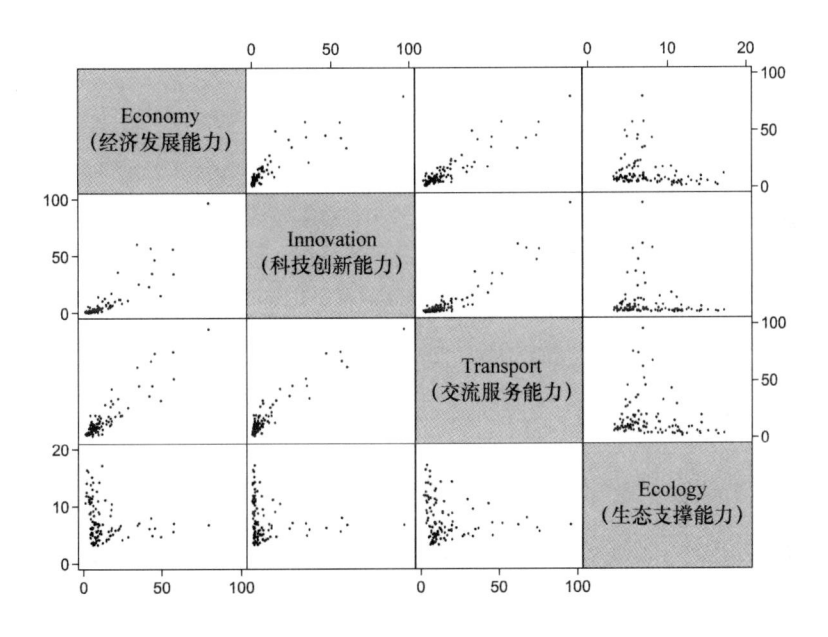

图3-2 长江经济带城市协同发展能力四个专题领域相关关系（2020）

（三）城市协同发展能力的空间关系分析

本节对长江经济带城市协同发展能力的空间关系进行分析，包括对长江经济带城市协同发展能力的空间集聚效应分析、空间异质性分析，以及对长江经济带城市子群进行空间划分。

1. 长江经济带城市协同发展能力空间集聚效应分析

本小节应用空间计量分析方法对长江经济带110个地级及以上城市协同发展能力的空间相关性进行分析。首先根据2020年长江经济带各地级及以上城市的协同发展能力指数计算出全域莫兰指数（Global Moran's I），其中，空间权重矩阵根据各城市距离平方的倒数计算得到。全域莫兰指数可看作各地区城市协同发展能力的乘积和，取值范围介于-1至1：若其数值大于0，则说明城市协同发展能力存在空间正自相关，即相邻区域之间城市协同发展能力具有相似属性，城市协同发展能力高的城市集聚在一起，发展水平低的城市集聚在一起，数值越大说明空间分布的正自相关性越强，集聚的强度也越强；若其数值小于0，则说明城市协同发展能力存在空间负自相关，城市协同发展能力高的城市和城市协同发展能力低的城市集聚在一起，数值越小则说明各空间单元的离散性越大；若其数值为0，则说明城市协同发展能力服从随机分布，地区间不存在相关关系。

表3-6为城市协同发展能力和经济协同发展能力、科创协同发展能力、交流服务能力以及生态支撑协同能力的全域莫兰指数检验结果。从中可以看出，长江经济带城市协同发展能力具有显著的正向空间相

关性。说明长江经济带城市协同发展能力在空间上并非处于随机的状况，而是在空间上趋于集聚，长江经济带一体化现象明显。

表3-6　长江经济带城市协同发展能力全域莫兰指数（2020）

	Global Moran's I	P值
城市协同发展能力	0.060	0.000
经济协同发展能力	0.189	0.000
科创协同发展能力	0.040	0.127
交流服务协同能力	0.027	0.210
生态支撑协同能力	0.328	0.000

注：使用的空间权重矩阵为各城市距离平方的倒数。

再看四个分领域的全域莫兰指数，可以发现经济发展领域和生态支撑领域，都具有显著的正向空间相关性。因此，长江经济带110个城市的经济协同发展能力和生态支撑协同能力在空间分布上同样是在空间上趋于集聚，长江经济带城市经济协同发展能力和生态支撑协同能力存在空间上、区域上集聚的现象，这两个领域率先实现一体化发展。

而另外两个领域——科创协同发展能力和交流服务协同能力，虽然存在正向的空间相关性，但却不够显著。说明长江经济带城市在科创协同发展水平和交流服务协同发展水平的空间集聚现象不明显。由于科技创新的协同发展主要靠吸引外部资源和人才，因此没有形成科技创新领域的一体化发展的格局。在交流服务领域中,"虹吸效应"使得资源和要素进一步流向高首位度城市,因此交流服务领域的一体化发展格局也难以形成。未来长江经济带一体化的发展在科创协同发展能力和交流服务协同发展能力上仍有待进一步提高。

2. 长江经济带城市协同发展能力空间异质性分析

值得注意的是,全域莫兰指数可以描绘经济变量整体的空间自相关性,但不能反映具体地区的空间依赖性,而局部莫兰指数(Local Moran's I)分析则可以提供各地区与相邻地区间的空间关系。在局部莫兰指数分析中,一般是通过图形来展示不同地区的空间关系模式。具体而言,通过在二维平面上绘制局部莫兰指数散点图,将各城市的协同发展指数分为4个象限的集群模式,用以清晰识别一个城市与邻近城市的空间关系。其中,第Ⅰ象限为"高—高"组合,表示城市协同发展能力高的地区被同是高能力的地区包围;第Ⅱ象限为"低—高"组合,表示城市协同发展能力低的地区被高能力地区包围;第Ⅲ象限为"低—低"组合,表示城市协同发展能力低的地区被同是低能力的地区包围;第Ⅳ象限为"高—低"组合,表示城市协同发展能力高的地区被低能力的地区包围。

为进一步分析长江经济带城市协同发展能力的空间集聚特征，本报告绘制出了长江经济带城市协同发展能力的局部莫兰指数散点图，图中4个象限分别对应于城市协同发展能力与邻近城市协同发展能力之间的4种类型的局部空间联系形式（见图3-3）。

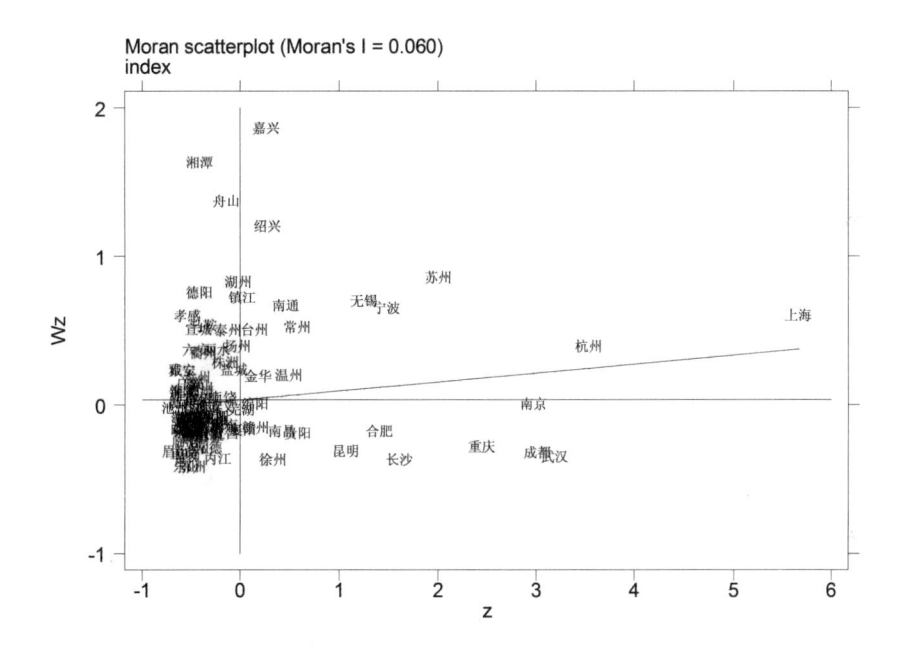

图3-3 长江经济带协同发展能力指数局部莫兰指数散点（2020）

在长江经济带城市协同发展能力的局部莫兰指数散点图中（见图3-3），110个城市散落在4个象限中，说明在城市协同发展能力上，4种组合的城市集聚类别同时存在。其中，落在第Ⅰ象限的大部分都是东部沿海城市，如上海、杭州、南京、苏州、无锡、宁波等，属于"高—高"组合，这些城市本身协同发展能力高,周边城市协同发展能力也高,在城市协同发展能力排行榜中排名靠前,属于城市分类中的龙头城市、高级区域中心城市和一般区域中心城市。这类城市很好地践行了一体化发展和高质量发展的国家发展战略,自身保持高质量发展的同时,也带动周边城市实现共同发展,是推动长江经济带高质量一体化发展的重要引擎和成功样板。

落在第Ⅲ象限的城市则恰恰相反,基本位于中西部地区,如眉山、昭通、乐山、雅安、普洱、荆门等,属于"低—低"组合,这些城市本身协同发展能力低,周边城市协同发展能力也低,在城市协同发展能力排行榜中排名靠后,属于城市分类中的地方一般城市。这类城市自身的资源禀赋不高,囿于东、中、西地区发展不平衡的现状,并且周边缺少起到引领带动作用的中心城市,往往成为限制长江经济带一体化发展的短板城市。

第Ⅳ象限城市多为中西部地区的区域中心城市,如成都、武汉、重庆、长沙、合肥、昆明、南昌、贵阳等,属于"高—低"组合,这些城市本身协同发展能力高,但周边城市协同发展能力一般,在城市协同发展能力排行榜中排名靠前,属于城市分类中的高级区域中心城市和一般区域中心城市。这类城市大多是中西部地区的中心城市或省会城市,其首位度均偏高,城市发展要素和资源过于集中，不仅不能辐射周边城市的一体化发展，反而会由于优势资源集中而限制周边城市的发展。由于公共资源过于集中，这类城市往往发展成为单极核心城市，并与周边城市的差距逐渐拉大。在长三角一体化高质量发展的战略布局中，这类城市必须改变发展思路，辐射和引领周边城市共同实现高质量的一体化发展。

而第Ⅱ象限又与此相反，多是区域中心城市和区域重要城市的周边城市，如湘潭、德阳、衢州、孝感等，属于"低—高"组合，这些城市周边的高级区域中心城市和一般区域中心城市的协同发展能力高，但这些城市的协同发展能力却一般，在城市经济发展能力排行榜中排名居中，属于城市分类中的区域重要城市和地方重要城市。虽然这类城市本身具有一定的资源禀赋，但这类城市在区位上多处于第Ⅳ象限城市的周边，城市发展要素和优势资源往往流向武汉、成都等高首位度城市，因此难以突破当前较低水平的协同发展能力。

以上分析充分说明长江经济带城市协同发展能力在表现出一定的空间集聚特征之外，也有一定的空间异质性，空间集聚并不是绝对的、完全的。

3. 长江经济带城市子群的空间划分

由2016年3月中共中央政治局审议、2016年9月

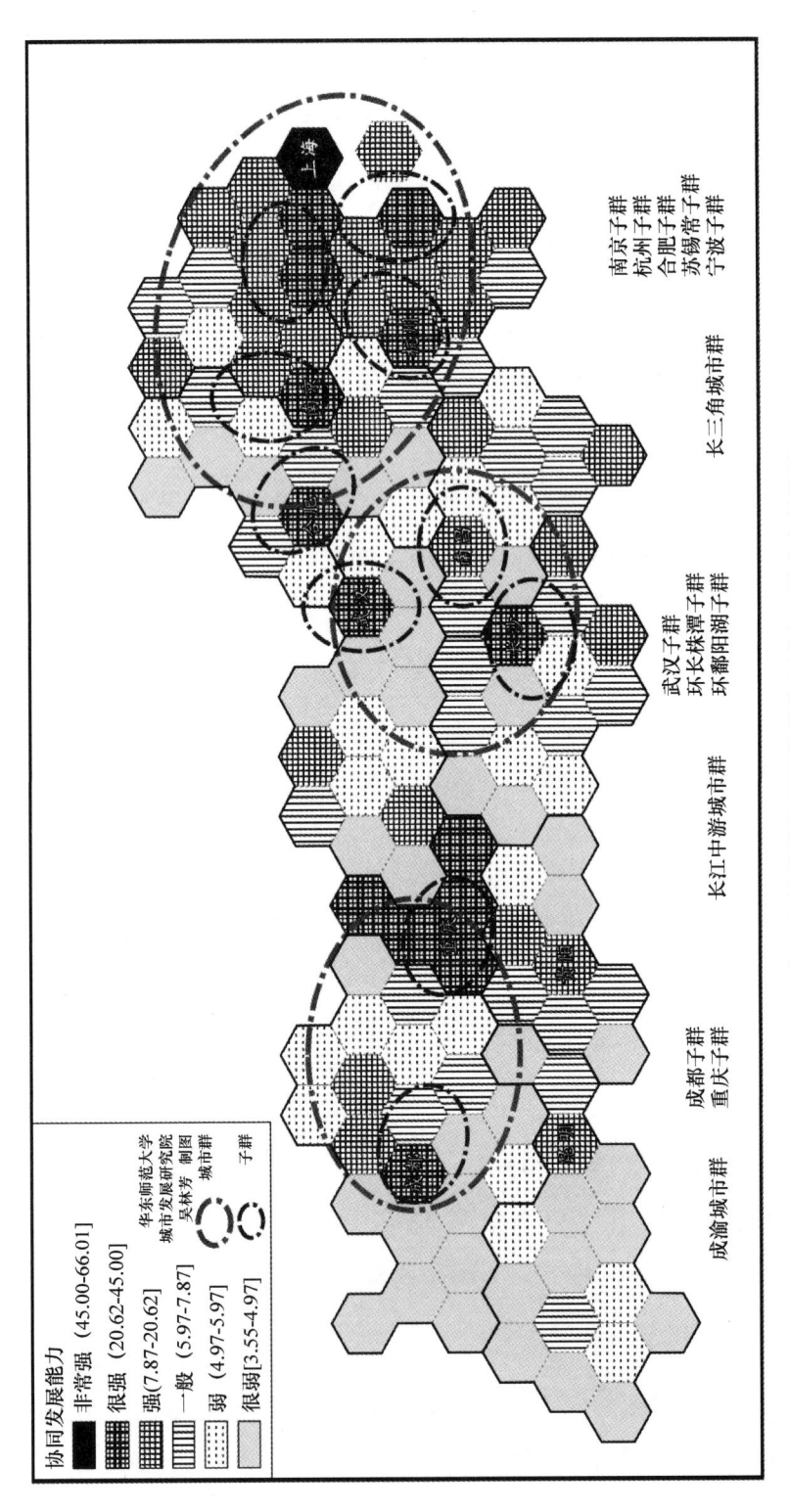

图 3-4 长江经济带城市协同发展能力城市组团分布（2020）

印发的《长江经济带发展规划纲要》将长江经济带划分为长三角城市群、长江中游城市群和成渝城市群三个一级城市群。根据2016年5月国务院发布的《长江三角洲城市群发展规划》、2015年4月国务院批复的《长江中游城市群发展规划》和2016年3月国务院常务会议通过的《成渝城市群发展规划》的城市群划分办法，并结合城市流、城市相互联系的强弱，本报告将长江经济带划分为三个一级城市群和十个二级城市子群（见图3-4）。十个二级城市子群为：南京城市子群、杭州城市子群、合肥城市子群、苏锡常城市子群、宁波城市子群、武汉城市子群、环长株潭城市子群、环鄱阳湖城市子群、成都城市子群、重庆城市子群。

长三角城市群包含五个二级子群，分别为：南京城市子群、杭州城市子群、合肥城市子群、苏锡常城市子群、宁波城市子群。五个二级城市子群的协同发展均处于较高水平，城市协同发展能力指数均值囊括了第2名至第6名，同时城市子群间有较强的关联性（见表3-7）。

表3-7　长江经济带十个城市子群协同发展能力指数（2020）

	城市协同发展能力	经济协同发展能力	科创协同发展能力	交流服务协同能力	生态支撑协同能力
南京城市子群	19.89	23.53	24.34	30.02	6.26
杭州城市子群	20.15	29.57	19.73	33.64	5.28

续表

	城市协同发展能力	经济协同发展能力	科创协同发展能力	交流服务协同能力	生态支撑协同能力
合肥城市子群	13.56	16.65	16.84	18.97	4.60
苏锡常城市子群	22.71	40.83	20.35	35.16	4.71
宁波城市子群	15.02	23.76	10.75	19.41	10.55
武汉城市子群	9.57	12.06	9.18	14.91	4.73
环长株潭城市子群	9.01	12.03	5.66	16.16	5.58
环鄱阳湖城市子群	7.21	8.76	3.12	10.93	7.78
成都城市子群	8.18	8.58	5.08	13.00	7.80
重庆城市子群	34.24	57.58	34.06	52.11	6.94

苏锡常城市子群的协同发展能力平均指数为22.71，协同发展能力平均指数在十个二级城市子群中位列第2，仅次于重庆城市子群。杭州城市子群排名为第3名，其余三个二级城市子群的协同发展能力平均指数位列第4—6位。长三角城市群的五个二级子群总体排名靠前，协同发展能力较强。苏锡常城市子群在经济、交流与科创服务三方面的协同发展均存在较强能力，具体表现为在经济发展领域和交流服务领域的协同发展能力均位于第2名，在科技创新领域协同发展能力位于第3名。苏锡常城市子群在生态支撑领域的协同发展能力排名靠后，为第9名，生态支撑领域的协同发展能力较差。杭州城市子群在科技创新领域、交流服务领域和经济发展领域表现较好，在经济发展领域和交流服务领域排名均为第3名，但其在生态支

撑领域排名略微靠后，位列第 7 名。南京城市子群在科技创新领域、交流服务领域和经济发展领域表现良好，均位列前 5 名，其中，在科技创新领域表现较为突出，位列第 2 名。

宁波城市子群与合肥城市子群相较于长三角地区其他三个二级子群，协同发展能力平均指数排名靠后。合肥城市子群的生态支撑领域协同创新能力较差，生态支撑协同能力平均指数为 4.60，位于所有二级城市子群的最后一名。宁波城市子群在生态支撑领域的表现非常突出，在生态支撑领域位居十个二级城市子群第 1 名，此外，在经济发展领域的协同创新能力排名在第 4 名。宁波城市子群在生态支撑领域协同创新能力处于较高水平，得益于宁波、台州和舟山在生态保护方面的共同努力。宁波始终把生态文明建设作为全市重大战略部署，从污染防治和调整全市生态保护红线等方面提高生态环境质量。台州通过着重加大生态保护和修复力度，从保护耕地、推进国土绿化、创建海洋生态示范区和保护生物多样性等多方面推进生态环境保护，成效显著。舟山将以生态文明示范创建为载体，不断加快生态建设与保护的步伐。

综合来看，长三角城市群总体协同水平较高，各二级城市子群在经济发展领域、科技创新领域和交流服务领域均名列前茅，但在生态支撑领域协同发展水平存在较大差异，苏锡常城市子群与合肥城市子群在生态支撑领域的协同发展能力处于十个二级子群中靠后的位置。因此，长三角城市群在高质量协同发展过程中在继续推进经济发展领域、科技创新领域和交流服务协同发展能力提高的同时，更需要注重进一步加大生态环境保护的力度。

长江中游城市群包括三个二级子群，分别为：环长株潭城市子群、环鄱阳湖城市子群以及武汉城市子群。三个二级城市子群的协同发展水平次高，各城市子群间的关联性较弱。三个二级子群的城市协同发展能力指数均值排名较为靠后，环长株潭城市子群、环鄱阳湖城市子群以及武汉城市子群在十个二级城市子群中分别位居第8、10、7位。三个二级子群在经济发展领域、科技创新领域、交流服务领域协同发展水平均处于较为落后的位置。环鄱阳湖城市子群在生态支撑领域协同发展水平较好，排名位居第3，武汉城市子群较十个二级子群而言，在生态支撑领域协同发展水平上处于第8位，其生态支撑协同发展能力较差。

环长株潭城市子群包括长沙、株洲以及湘潭等8个城市，长沙城市子群内部仍存在城市间错位发展的格局。长沙在总体协同发展较其他城市具有更高水平，位列所有城市排名的第8名，长沙在经济发展领域、交流服务领域和科技创新领域的协同发展能力上持续维持较高水平。株洲位列城市协同发展能力排名的第34名,在交流服务领域的协同发展能力相对较强。

环鄱阳湖城市子群包括南昌、景德镇和萍乡等10个城市,环鄱阳湖城市子群协同能力均值为7.21,在长江经济带十大二级城市子群中为最后一名,协同发展能力水平较差。南昌、上饶以及九江城市协同发展水平在子群内排名较为靠前,分别为第17、37和第40名,其余城市排名相对集中且靠后。环鄱阳湖城市子群中的城市在各领域存在错位发展,鹰潭、抚州以及景德镇在生态支撑领域协同发展能力表现良好,在经济、科创以及交流服务领域不存在优势。吉安、九江等城市发展较为均衡,缺乏特长。

武汉城市子群包含武汉、黄石和鄂州等10个城市。武汉城市子群协同能力均值为9.57,在长江经济带十大二级城市子群中居于第7位。武汉城市子群内部城市发展差异较大,武汉城市协同发展能力位列110个城市中的第3名,在各领域协同发展水平遥遥领先于其他城市。襄阳、宜昌两座城市协同发展能力在110个城市中排位稍微靠前,分别为第25和第33名。其余城市协同发展水平较为接近,且与武汉协同发展水平存在较大差距,说明中心城市独大的区域其协同发展能力有限。

长江中游城市群各子群呈现多中心特征,城市子群在协同发展中分工互补，由此带来城市子群之间的差异性。长江中游城市群在总体协同水平表现一般，在经济发展、科技创新和交流服务领域均位居中下游，除环鄱阳湖城市子群在生态支撑领域居位上游外，其他两个城市子群位居中下游。长江中游城市群的高质量协同发展应同时加强经济发展、科技创新、交流服务以及生态支撑领域的协同发展能力，进一步提高长江中游城市群协同发展水平。

成渝城市群包括成都城市子群和重庆城市子群两个二级城市子群，城市子群间存在较弱的关联性。重庆城市子群含重庆一座城市，总体协同发展水平较高。重庆城市子群在总体协同发展水平位居十大二级子群榜首，在经济发展领域、科技创新领域以及交流服务领域均位居第1，在生态支撑领域协同发展能力指数排名位居第4。成都城市子群包含成都、自贡以及泸州等15个城市，协同发展能力较差，位居第9位，其生态支撑协同发展能力表现较为突出，位居第2，但在经济发展、科技创新、交流服务领域协同发展能力表现较为一般。成都城市子群内部城市协同发展能力差异大，成都的城市协同发展水平位列110个城市中的第4名，在各领域协同发展水平领先于其他城市。其余城市既有位列110个城市中游位置的城市，也有在110个城市排名末位的城市，且这些城市均与成都的协同发展水平存在较大差距。

成渝城市群内的协同发展能力差异较大，不同城市呈现错位发展格局，存在以成都、重庆两大城市为双核的结构。成都、重庆在经济、科创和交流服务领域具有较高的综合实力，其他城市与这两座城市的协同发展能力差距很大。此外，遂宁、南充以及资阳在生态支撑领域存在较大优势。未来成渝城市群需进一步在经济、科创、交流服务与生态支撑领域提高协同发展能力，促进成渝城市群总的协同发展能力的提升。

（四）主要结论与发现

本部分对2020年长江经济带城市的协同发展能力进行了综合评价。评价结果显示：①上海作为龙头城市，在长江经济带各城市中独领风骚。②从总的空间格局来看，长江经济带城市协同发展能力呈现东高西低、省会城市和沿江沿海城市较高的态势。③城市得分位序分布显示长江经济带城市的协同发展水平依旧呈现出较为差异化的特点，一体化水平有待进一步推进。④根据协同发展能力，可将长江经济带城市划分为六个等级：龙头城市、高级区域中心城市、一般区域中心城市、区域重要城市、地方重要城市、地方一般城市。⑤在四个分领域的相关分析中，生态支撑领域分别与经济发展领域、科技创新领域、交流服务领域呈负相关关系,生态环境保护工作与经济发展、科技创新等领域尚未实现相互促进,"共抓大保护、不搞大开发"的高质量绿色发展之路仍任重道远。⑥经济发展领域和生态支撑领域的空间集聚效应显著,而科技创新领域和交流服务领域的空间集聚效应不显著,一体化发展水平有待进一步提高。⑦成都、武汉等中西部高首位度城市对周边城市的"虹吸效应"明显,"辐射效应"不足。⑧长三角城市群总体协同水平较高,各二级城市子群在经济发展领域、科技创新领域和交流服务领域均名列前茅,但生态支撑领域协同发展水平有待进一步加强。

四 全面推动长江经济带城市协同发展的对策建议

长江经济带国家战略实施5年来，在党中央"共抓大保护、不搞大开发"的精神指引下，长江经济带生态环境保护发生了转折性变化，经济社会发展取得历史性成就，初步实现了在发展中保护、在保护中发展。习近平总书记在南京主持召开的全面推动长江经济带发展座谈会上的重要讲话强调：谱写生态优先绿色发展新篇章，打造区域协调发展新样板，构筑高水平对外开放新高地，塑造创新驱动发展新优势，绘就山水人城和谐相融新画卷，使长江经济带成为中国生态优先绿色发展主战场、畅通国内国际双循环主动脉、引领经济高质量发展主力军。这为全面推动长江经济带城市协同发展提出了更高的要求。

（一）强化制度衔接，推广先进经验，以生态创新助推绿色、高质量一体化发展

长江经济带城市生态协同能力与经济发展协同能力、科技创新协同能力之间的相关关系已由弱的负相关关系转变为弱的正相关关系，体现出长江经济带全域尺度上经济增长、科技创新和生态支撑之间开始走向"协同优化"阶段，即城市经济增长、科技创新对生态环境质量有改善与提升作用，同时生态环境质量的综合提升，也有助于城市经济增长和科技创新。因此，未来长江经济带更须强化经济增长、科技创新和生态支撑之间的制度衔接，推广先进城市经验，以生态创新助推高质量一体化发展，谱写生态优先绿色发展新篇章。

一是强化制度衔接，增强生态支撑、经济发展、科技创新领域的制度协同。要在准确认识长江经济带生态环境保护的现状、奋斗目标以及二者之间差异的基础上，细化各地"三线一单"方案，逐步完善排污权交易市场，建设创新驱动、绿色增长的区域产业生态系统，从根本上改变当前"生态不经济、经济不生态"的现状。具体而言，第一，建立中央统筹—多部

门协调—地区合作的长江流域跨部门综合管理机构，并与非政府组织、民众协商治理和保护水环境。中央与地方多渠道筹资，设立污染控制、监测等专项资金，并通过成立流域性保护基金、组建生态公益性组织等方式开辟长江流域生态保护新途径。第二，建设天地一体的生态环境监测系统，为准确观测长江流域水土气生生态环境质量变动，制定长江经济带生态优先、绿色发展战略行动计划提供数据基础和科学支撑。第三，完善排放权交易市场，建设生态补偿长效机制。依据中央要求以及各地经济社会发展水平和生态环境保护目标，建立可信、可查、可测的重点污染物质排放量清单，允许减排补贴进入市场，并将生态保护项目纳入政府购买服务范围，鼓励社会资本投资异地减排工程，从而达到调动社会各方面积极性，彻底改变中国当前生态环境保护中央积极、地方消极、跨地区生态补偿资金来源不足的困境。

二是推广先进城市经验，以生态创新助力高质量发展。一方面要总结舟山、遂宁、张家界、黄山、资阳、自贡、丽江、抚州、鹰潭和上海等生态支撑协同能力强的城市生态保护与治理经验，尤其是上海、自贡、资阳、舟山和遂宁等生态支撑协同能力提升明显的城市生态保护实践经验，并根据不同的城市类型和城市发展特征，鼓励其在同类型城市之间相互借鉴与推广；另一方面要总结上海、重庆、杭州、无锡、成都、武汉、苏州、宁波、长沙、南京等综合协同能力强的城市发展经验，尤其是要聚焦促进这些城市经济发展、科技创新和生态支撑各领域协同发展与优化的制度创新与行动举措，并因地制宜、精准施策，发挥先进城市高质量协同发展经验在经济带内城市间的引领和示范作用。

（二）破解各领域"断头路"难题，切实增强核心城市对周边区域的协同与带动效应

从城市协同发展能力指数看，当前长江经济带各城市间的协同发展能力有六个不同等级，仍然存在显著差距。因此，进一步增强龙头城市上海和杭州、南京、成都、武汉、重庆、苏州、长沙、宁波、无锡、合肥等高级区域中心城市对周边区域的协同和带动效应，逐步缩减城市与区域之间的发展差距，促进经济带内各城市间基于优势互补、"长板共享"协同发展新格局的形成，是未来长江经济带打造高质量协同发展样板的重要战略路径。

一是要破解市场领域的"断头路"，构建流域内统一开放、竞争有序的市场体系。要以现代化市场体系、

经济体系、交流网络为抓手，畅通国内国际双循环，率先形成发展新格局。一方面，要坚持从广度和深度上推进市场化改革，加快形成流域内统一开放、竞争有序的市场体系，清除市场壁垒，扎实推进长江经济带市场一体化进程，提高资源配置效率。另一方面，要深化要素市场改革，推进要素市场建设，完善主要由市场决定价格的价格生成机制，健全公平、开放、透明的市场规则，反对垄断和不正当竞争，有效规范各类市场运行，保障市场体系竞争有序。

二是要破除交通、科创等领域设施基础的"断头路"，夯实高质量、一体化的发展基础。一方面，构建统一开放有序的运输市场和物流体系。要加强综合交通运输体系建设，系统提升长江"黄金水道"通航能力，强化铁路、公路、航空运输网络的协同与联动，优化调整运输结构，创新运输组织模式，大力提升区域综合交通运输能力，助力国内国际双循环。另一方面，要推动长江经济带创新基础设施的共建与共享。要充分发挥国家重点实验室、一流大学、科研院所、国家综合科学中心、国家自主创新示范区以及科技人才密集的科技创新要素优势，优化创新要素配置，建立长江流域一体化创新体系和合作创新平台，促进经济带内创新基础设施的共建与共享，破除经济发展滞后、综合实力薄弱的后发展城市面临的创新基础设施

"断头路"困境。

三是要破除制度领域的"断头路",推动形成全面开放新格局。要逐步打破行政区划对核心城市发挥辐射周边区域与带动效应的行政和制度约束。一方面建议以中国(上海)自由贸易试验区临港新片区建设为契机,长江经济带开发区共享其投资自由、贸易自由、资金自由、运输自由、人员从业自由、信息便捷联通以及税收制度、风险管理制度政策优势。建设以临港新片区为核心、长江经济带内部各开发区合作、长江经济带开发区与海外园区互动的新型运营网络。另一方面,把握长江经济带内安徽自贸区、湖南自贸区及浙江自贸区(扩区)新设和扩区开放新机遇与新格局,加快推动江西、贵州立足发展特征和地方优势增设自贸区试验区,探索资源型、后发展区域的开放模式与开放动力。发挥上海自贸试验区临港新片区和川渝协同开放合作试验区的引领和示范效应,加强经济带内自贸区协同与合作,构筑长江经济带协同开放新高地、新格局。

(三)建立多层次支持与帮扶机制,助力后发展、资源型城市快速崛起

未来长江经济带高质量协同、协调发展,不单需

要龙头城市、高级区域中心城市的示范与带动效应，而且需要后发展、资源型城市自身的"追赶"与"崛起"。眉山、昭通、孝感、荆州、毕节、黄冈、淮南、曲靖、普洱、亳州等综合协同发展能力排位靠后的城市，通常其经济协同发展能力和科创协同发展能力也都较为薄弱，普遍具有后发展、资源依赖型城市发展特征，并面临着空间区位不佳、开放意识不足、财政实力薄弱、发展路径单一、高素质人才缺乏等困境。这类城市的快速崛起，一方面需要深度发掘地方优势，大力探寻智慧专业化发展战略，在新发展格局下找到适合地方的"跨越式"发展路径；另一方面需要依靠外部资源的接入，需要其所处的城市群、长江经济带和中央协同给予精准扶持，显著增强这些城市发展的外部助推力，赋能地方内生增长。创新是发展的第一驱动力，本报告提出以下建议。

一是建立长江流域一体化创新体系和合作创新平台。充分发挥国家重点实验室、一流大学、科研院所、国家综合科学中心、国家自主创新示范区以及科技人才密集的科技创新要素优势，优化创新要素配置，建立长江流域一体化创新体系和合作创新平台，激发长江经济带高质量发展的内生动力。

二是构建长江经济带协同创新网络。充分发挥上海全球科技创新中心在长江经济带创新驱动发展中的创新策源地作用，以上海、南京、杭州、合肥、武汉、成都等创新要素密集的城市为核心节点，充分发挥上海张江、安徽合肥综合性国家科学中心的大科学装置在基础研究、重大应用研究领域的科技支撑作用，辐射带动中游、上游城市群内核心城市的科技创新动能，构建以产业创新联盟、产学研合作、产业共性技术协同攻关、技术转移转化等为联系渠道的长江经济带协同创新网络，实现长江经济带内重大科技创新的协同攻关。

三是发展双向"创新飞地"，建设跨界世界级产业集群。新加坡政府"区域项目计划2000"经验表明，复制、推广裕廊工业园设计理念与组织方式，合资建设"创新飞地"有利于提升科技合作水平，推动"共同体"建设。建议推动长江经济带各地开发区管委会向开发区开发运营集团公司转变，加快园区开发经营机构资本互换、相互投资、合作重组，建设以示范区为核心的园区管理网络，充分发挥大型企业、行业协会在跨地域产业链、创新链、价值链整合以及官产学研用一体化中的龙头带动作用，发挥工业与信息化部在中国世界级产业集群建设中的协调作用，建设长江经济带新一代信息技术、量子通信、大数据、云计算、智能制造、新材料等世界级产业集群。

四是实施长江流域城市创新驱动结对计划。创新活动的中心化现象在特定发展阶段有其内在的必然性，这也决定了长江经济带城市科创协同能力排行榜相对稳定，创新活动的空间关联和空间锁定效应突出。为此，建议在长江经济带实施正式的科创对口支援与城市结对计划。科创协同发展能力排行榜前十位的城市，分别选取5个左右的城市建立政府主导、社会广泛参与的科创对口支援机制，通过城市结对子，协助科创协同发展能力弱的城市解决国民经济和社会发展中的重要而迫切的创新瓶颈问题，提供精准对接型的科技创新服务，助力双方相应的科技创新供给侧改革与高质量科技供给能力提升、科技创新需求牵引和创新驱动发展，形成创新驱动的双向互动协调发展。

（四）建立城市群协同发展体制机制，促进区域协调发展

一是全面推进上中下游三大城市群协同发展的支柱效应。长三角城市群充分利用经济发展最活跃、开放程度最高、创新能力最强的区域优势，紧扣"一体化"和"高质量"两个关键，建设具有全球影响力、带动长江经济带高质量发展的区域集群。长江中游城市群应该充分利用"资源节约型、环境友好型社会"两型社会建设先行先试的优势，着力建设中国经济发

展新增长极。成渝城市群应该秉承新型城镇化、农业现代化互促共进的原则,挖掘西部地区内需潜力,推动中国西部地区腾飞崛起。

二是着力推进以县城为重要载体的城镇化建设,强化经济带城市协同发展的基石。长江经济带全域尺度上的协同与协调发展仍然存在挑战,整体而言,长三角城市群城市协同能力较强,已初步呈现区域一体化协同的发展格局;长江中游和长江上游地区除成都、重庆、武汉、长沙、南昌等省会城市或直辖市协同发展能力较强外,其余城市的协同发展能力都不强,多数城市的协同能力指数得分在17分以下,尤其是排位靠后的地方一般城市,经济基础比较薄弱、科技创新存在短板,对外联系强度低、交流服务能力弱,主要依靠市域范围的内生服务功能支撑,因此亟需通过大力推进以县城为载体的城镇化建设,来增强长江上游、中游地区城市的协同发展能力,以促进长江经济带内全域协调发展。

专题报告　长江经济带新基建与高质量发展

2018年12月中央经济工作会议首次提出了新型基础设施建设（以下简称新基建）的概念，会议中指出要加快5G商用步伐，加强人工智能、工业互联网、物联网等新型基础设施建设，加大城际交通、物流、市政基础设施等投资力度，补齐农村基础设施和公共服务设施建设短板。

从此，新基建开始进入人们的视野，迅速成为人们关注和讨论的"热点"。随后的2019年，在全国"两会"的《政府工作报告》和国务院常务会议中也强调要加强新基建的投资和建设。进入2020年后，在经济下行和新冠肺炎疫情冲击的双重压力下，新基建更加频繁地出现在国家层面的政策文件和决策部署中，如2020年1月的国务院常务会议、2020年2月中央全面深化改革委员会第十二次会议、2020年3月的中央政治局常务委员会会议和2020年4月的中央政治局会议等。虽然经过了多次完善和丰富，但是，关于新基建的内涵至今没有统一的标准，呈现出多元化趋势。

目前，社会上和学术界对于新基建内涵的理解主要有三种：一是在总结和提升国家层面相关会议的基础上，认为新基建主要指与数字经济密切相关的信息基础设施，主要涉及人工智能、工业互联网、物联网、数据中心、5G网络等内容。虽然传统的基础设施也同样会涉及信息软件，但其在整体上的比重不高；二是国家发展和改革委员会提出的，认为新基建主要包含三个方面的内容，即信息基础设施、融合基础设施和创新基础设施；三是中央电视台提出的观点，认为新基建主要包括7大领域，即5G基站、特高压、城际高速铁路和城市轨道交通、新能源汽车充电桩、大数据中心、人工智能和工业互联网，涉及众多产业链以及通信、交通、电力等众多社会民生重点行业。总之，新基建的内涵和外延还处在不断的动态变化中。

长江经济带作为中国五大发展战略之一的地区，横跨东中西11个省（市），辐射范围广阔，包含长三角、长江中游和成渝三大城市群，截至2019年，长江经济带的总人口达到5.9亿，占全国总人口的42.9%，GDP达45.78亿，占全国总GDP的46.24%，是中国最活跃的经济中心之一，也是中国经济发展的新引擎，在中国发挥着战略支撑和示范引领的作用，同时，它还扮演着承上启下、承东启西的重要作用。即便如此，长江经济带在不断的发展过程中也面临着众多的挑战：一是生态环境问题严峻，涉及污染问题（目前长江的边岸已经形成了600多公里的污染带，其中有害物质的种类多达300多种）、生物多样性减少、水土流失、森林覆盖率大幅度下降、水、土、矿产资源的浪费，等等；二是区域发展不平衡，长江经济带横跨中国东、中、西部，地区之间的发展水平和经济实力存在较大差距。例如，2019年地处东部的上海市的人均GDP为15.73万元，而西部云南省的人均GDP仅仅为4.79万元；三是产业结构不合理，地区之间的产业结构存在同质化现象，在空间上不能形成很好的互补作用；四是法律法规不健全，虽然目前已有的法律文件对长江的水资源进行了立法管理和保护，但是并没有对长江流域水资源的防污染管理和水资源保护进行专项立法，并且缺乏相应的执行力。

面对长江经济带发展过程中存在的各种问题，我们必须改变传统的发展模式，推动长江经济带高质量发展。习近平总书记在2018年于武汉召开的深入推动长江经济带发展座谈会上就已经指出：在新形势下，要坚持新发展理念，坚持稳中求进工作总基调，坚持共抓大保护、不搞大开发，加强改革创新、战略统筹、规划引导，以长江经济带发展推动全国经济高质量发展。可见，推动长江经济带高质量发展已经成为关系国家发展全局的重大决策。它是新时代优化中国产业结构，实现区域协调发展的重大战略部署，对实现"两个一百年"的奋斗目标以及实现中华民族的伟大复兴具有重要意义。

新基建作为对传统基建的改革创新，在推动长江经济带高质量发展方面扮演着重要的作用。它可以从三个方面促进长江经济带的高质量发展：第一，新基建作为一种固定资产投资，具有乘数效应，通过不断加大"新基建"的投资力度，能够很好地发挥投资的"逆周期"调节作用，有利于做好当前的"六稳""六保"工作，在短期内能够很好地促进经济的包容性增长和拉动经济的高质量发展。第二，新基建区别于传统的基础设施建设，它是一种现代基础设施，具有数字化特征。对于长江经济带来说，基础设施是其经济发展的"地基"，而数字化的新基建则能够很好地促进当地经济数字化的转型升级，为其提供强大的底层支撑，这对于促进长江经济带长期高质量发展具有深远意义。第三，新基建的"基"并非传统意义上的"基础设施"，可以看作一种数字化平台，它能够为长江经济带的经济发展提供新动能。一方面，新基建能够促进新技术、新产业、新模式、新业态等新经济的发展，另一方面，通过新基建为传统产业注入数字化功能，使得传统产业"如虎添翼"，促进传统产业的转型升级和高质量发展，推动数字经济和实体经济的融合发展，形成产业新生态。因此，我们要加大新基建的投资和建设，以此来促进长江经济带的高质量发展。

本报告认为，新基建主要包括5G基站、特高压、城际高速铁路和城市轨道交通、新能源汽车充电桩、大数据中心、人工智能和工业互联网。接下来，以"新基建""5G基站""特高压""城际高速铁路和城际轨道交通""新能源汽车充电桩""大数据中心""人工智能"以及"工业互联网"为关键词，通过在百度搜索引擎上爬取长江经济带各地级市包含这些关键词的政府工作报告、新闻媒体报道、企业参与和人们讨论的数量总和代表各地级市中人们对新基建的意愿，以此来反映各个地级市对新基建的潜在需求，从而间接判断各地级市未来新基建和高质量的发展潜力。对于搜索结果，我们进行了以下处理：第一，标题或者网址完全一样的新闻只保留一条，避免重复；第二，同一条新闻中必须同时包含"城市"+"上述关键词中的任何一个"，否则不计数。如，某一新闻中只出现了"上海"+"5G"或者"上海"+"基站"，那么这条新闻则不计入数，只有当这条新闻中出现了"上海"+"5G基站",这条新闻才是计数的;第三,同一新闻中无论出现上述关键词中的几个,都只计数一次。最终,我们得到的长江经济带各地级市的政府工作报告、新闻媒体等报道数量如表 A-1 所示(限于篇幅原因,这里只展示了排名前 30 的地级市及其对应的政府工作报告、新闻媒体等的报道数量)。

表 A-1　长江经济带各市政府工作报告、媒体等的新基建报道数量

地级市	数量	地级市	数量	地级市	数量	地级市	数量
上海	688	长沙	111	温州	49	绍兴	30
南京	240	贵阳	97	淮南	42	株洲	30
杭州	227	宁波	71	湖州	35	金华	28
重庆	212	无锡	70	徐州	34	台州	27
成都	209	南昌	68	阜阳	34	芜湖	27
武汉	206	南通	65	赣州	33	襄阳	26
苏州	132	昆明	65	淮安	30		
合肥	113	常州	54	嘉兴	30		

(一)新基建的总体格局

1. 新基建七大领域的整体差异

整体上,长江经济带新基建七大领域的关注度高低不一。受关注度最高的领域是城际高速铁路和城际轨道交通,其关注度远高于其他领域,且其他领域之间的关注度相差不大。城际高速铁路和城际轨道交通主要运营于城市群和城市带,公交化的运营模式使其

发挥出通勤作用，增强了城市和城市圈之间的联系。城市群之间要实现要素自由流动，城际铁路是不可或缺的。另外，城际高铁和城际轨道交通的产业链条非常长，并涉及很多增值服务，故大力推进其建设能拉动经济增长。长江经济带上有长三角城市群、长江中游城市群和川渝城市群，三大城市群发展迅速且经济实力雄厚。与全球知名都市圈和城市群相比（如东京都市圈），这三大城市群的城际高铁和城际轨道交通还有很大的发展空间。因此，长江经济带正凭借着自己良好的经济基础，在政府的引导下，不断推进城际高铁和城际轨道交通的建设，其相关政府文件、媒体报道和民众讨论等也十分广泛激烈。

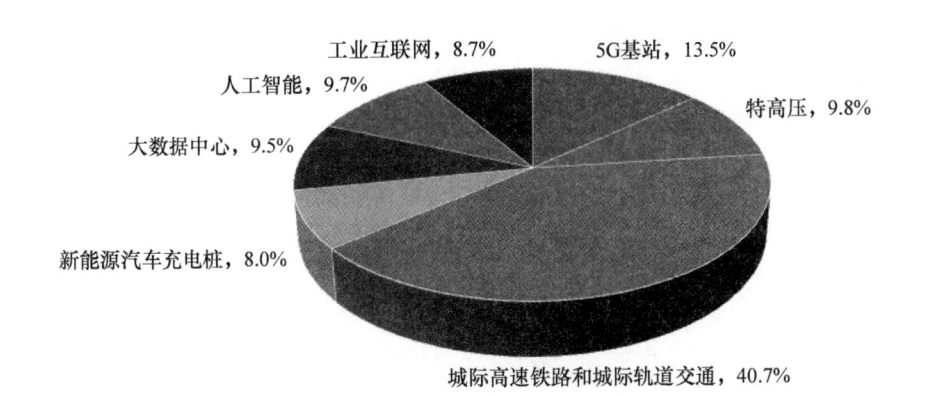

图 A-1 长江经济带新基建七大领域关注度占比

长江经济带中，5G基站、特高压、人工智能等剩余六大领域都在同时发力建设，各领域之间的受重视程度相差不大。中国5G技术领先，相关标准已制定完成，能够在不同省市进行快速复制建设，已被多个省市列入政府规划。因此，除城际高速铁路和城际轨道交通外，长江经济带5G建设水平和受关注程度较高。特高压、人工智能、大数据中心、工业互联网和新能源汽车充电桩等领域的建设需要一定经济发展水平作为支撑。而长江经济带上中下游之间，核心城市与边缘城市之间，经济发展水平差距较大，导致各地区在这五大领域的建设水平差距较大。因此，整体上，这五大领域的发展水平和受关注度较低，彼此之间差距也较小。

2. 七大领域的区域差异

由于长江经济带上中下游地区在自然禀赋、经济社会发展水平等方面存在差异，上、中、下游城市在新基建不同领域的发展水平和关注度也不相同。下游地区在新基建任一领域的关注度都远高于上中游地区，上游地区在新能源汽车充电桩、大数据中心、人工智能和工业互联网等领域的关注度高于中游地区，中游地区在特高压、城际高速铁路和城际轨道交通等领域的关注度高于下游地区。

下游地区即长三角地区，该地区在经济总量、创新能力、交流服务等方面领先于上游和中游。因此，该地区优越的基础条件使新基建各领域的推进都更加顺畅，此外，人们为了追求高质量的生活水平，对新基建的需求也比较大，因此，网站报道数量也就最多。中游地区交通枢纽众多，如武汉、长沙等城市，区位条件优越，是特高压、城际高速铁路和城际轨道交通等线性基础设施布局的关键节点。另外，湖南省装备制造业、能源电力、基础设施建设等产业基础雄厚，且信息技术产业、汽车产业、新能源和新材料产业等为湖北省重点产业，这些优势能有力推动特高压、城际高速铁路和城际轨道交通等的建设，因此，与上游地区相比，受到政府、企业和百姓等多方面的关注更多。

表 A-2　　　　　上中下游各地区七大领域关注度占比情况　　　（单位:%）

区域	5G基站	特高压	城际高速铁路和城际轨道交通	新能源汽车充电桩	大数据中心	人工智能	工业互联网
上游	21.3	8.2	17.9	24.8	39.0	11.5	24.7
中游	21.3	34.7	20.8	15.2	12.8	9.3	16.9
下游	57.4	57.2	61.4	60.0	48.2	79.3	58.4
合计	100	100	100	100	100	100	100

上游地区整体自然资源丰富，环境优美。贵州凭借着适宜的气候、丰富的水资源等，吸引了华为、腾讯、苹果等科技巨头纷纷来此建设数据中心，贵州也因此成为中国的大数据中心。四川在抢占数字经济发

展制高点上也已迈出坚实步伐。通过加快实施数字经济与实体经济融合发展，大数据、物联网、人工智能等产业发展势头良好。在2018年，重庆就已在原有制造业的基础上，着力培育智能产业，围绕人工智能、大数据、物联网等产业，打造智能产业集群。并且大力提升智能制造水平，推动工业互联网等在重点行业的运用。另外，成都和重庆等城市汽车制造业基础雄厚，新能源汽车发展迅速，其对充电桩的迫切需求不断推动着新能源汽车充电桩的建设。因此，上游地区在新能源汽车充电桩、大数据中心、人工智能和工业互联网等领域受到的关注较中游地区多。

3. 不同区域中七大领域的差异

从各地区内部来讲，无论是在哪个地区，城际高速铁路和城际轨道交通的关注度都是最高，这反映了城际交通对于城市群发展的重要性。在上游地区，特高压和人工智能的关注度最低，前者反映了当地严峻的自然环境为特高压线路的铺建增加了难度，后者说明当地经济和科创环境还不利于人工智能的发展。剩余四大领域的关注度相差不大。在中游地区，除城际交通外，特高压和5G基站的关注度较高，这也体现出中部各城市交通位置的优越性。在下游地区，人工智能的关注度较高，体现了长三角地区先进的经济水平和科创实力。不仅如此,其他领域的关注度也相对较高并且均衡,这体现了长三角地区在新基建各领域都在发力。建设和发展新型基础设施是长三角地区建成世界级城市群的必经之路。

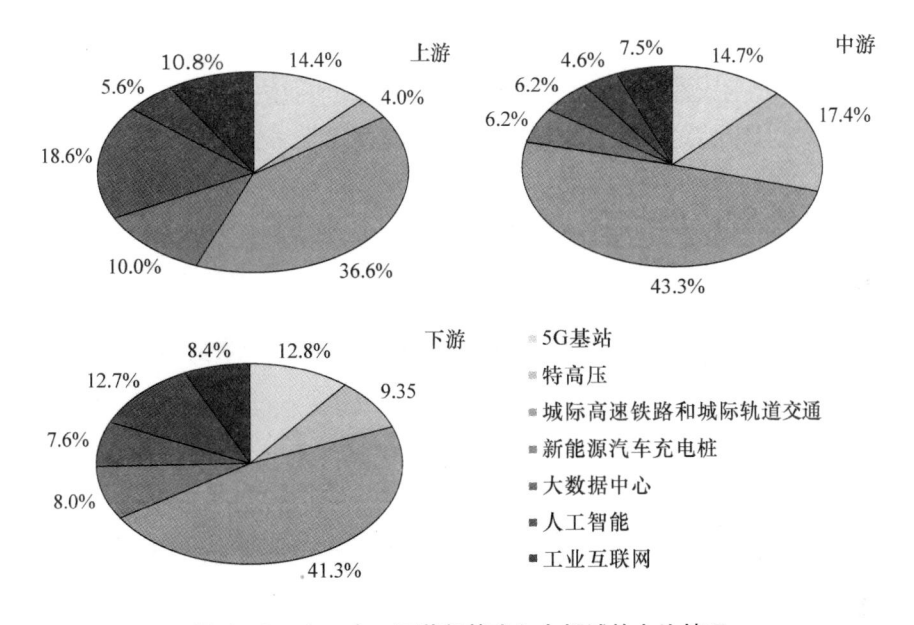

图 A-2 上、中、下游新基建七大领域的占比情况

(二) 典型案例分析

尽管长江经济带上、中、下游群众均对城际高速铁路和城际轨道交通的关注度最高,但是各个城市之间存在差异。因此,该部分主要选择了5G领域、人工智能领域和大数据中心领域具有代表性的城市进行典型案例分析。

1. 上海市：5G 基站

（1）总体概况

作为中国通信产业最发达的城市之一，上海具有建设 5G 基站的强大技术生态与发展 5G 网络产业的雄厚的基础与前景。上海以 5G 引领"新基建"，在 5G 建设方面全国领先，据国家无线电办公室统计，上海已建 5G 基站数国内排行第一，移动、电信、联通三大运营商分别在上海宣布 5G 首发。综合 5G 建设成果、5G 产业发展前景与城市的代表性，以上海 5G 建设为典型案例，分析其 5G 基站建设、5G 网络与产业发展、5G 与上海高质量发展，旨在为其他城市提供可资参考的经验。

（2）发展迅速的原因

上海 5G 发展离不开上海市政府的合理部署与各行各业的积极响应与创新，总结上海 5G 发展做法有以下四个方面。

第一，政府重视顶层设计，为 5G 发展提供政策支持。

上海积极响应国家对于 5G 建设的总体部署，群策群力，广泛征集有关 5G 网络建设意见和建议，从 5G 产业规模、重点环节到创新应用制定具体发展计划与目标，为 5G 企业提供大力支持，打造 5G 产业发展集聚区，为5G产业链培育、创新孵化与成果转化等提供全方位的支持。

表 A-3　　　　　　　　上海市 5G 相关政策汇总

印发时间	区域	政策名称	主要目标
2019年7月	全市	《上海市人民政府关于加快推进本市5G网络建设和应用的实施意见》	推动5G网络的柔性化、个性化与云化部署，实现全市域覆盖，提供随时即取的大容量、高带宽、低时延网络支撑能力，实现各行各业深度应用、融合赋能，市场主体活力充分激发、制度保障完善，5G产业能级加快提升
2019年9月	全市	《上海5G产业发展和应用创新三年行动计划（2019—2021年）》	到2021年实现产业规模大幅提升、重点环节加快突破、创新应用广泛部署
2020年1月	虹口区	《虹口区支持5G企业发展的若干措施》	支持5G创新平台建设、支持5G研发创新、支持5G示范项目建设、设立虹口区5G产业发展基金、支持5G企业集聚发展、支持5G特色载体建设、鼓励5G创新人才集聚、支持5G创新活动等
2020年2月	嘉定区	《上海市嘉定区人民政府关于加快推进嘉定区5G网络建设及创新应用的实施意见》	以5G技术为核心驱动力，实现5G网络使连接更即时（Immediate）、5G技术使应用更智能（Intelligent）的"2I"发展目标，推动5G在经济社会各领域的广泛应用和深度融合，构建优良5G生态，打造5G创新应用先行区、5G产业发展集聚区

资料来源：上海市政府网站。

第二，重视5G技术人才引进与培育。

上海是中国的人才与先进技术的聚集地，上海也围绕5G核心企业人才需求，为5G研发人才的引进与培育加大政策支持力度。据统计，目前上海在国内主流5G核心产业企业研发人员占全国的52%，集成电路产业人才达全国的40%。

第三，培育以5G网络为基础的园区与应用平台，推进产业向5G转型升级。

5G产业园为产业持续高质量发展注入强劲动力。上海首个5G产业园——上海金桥5G产业生态园2020年开园，为5G技术与汽车、制造和视讯产业融合提供完整产研条件。5G促进产业转型升级，半岛湾创意产业园向5G的产业转型升级，在原有文化科技企业集聚的基础上，已集聚十余家5G企业，既赋能智能硬件、物联网、大数据等硬科技企业，也给原企业增添新的活力。在应用平台上，成立有全球首个综合性5G应用展示及联创平台——"5G全球创新港"，虹口的"上海5G综合应用先导示范区"。

第四，注重5G技术的推广与应用，积极组织参与相关活动。

借助5G推广与应用大赛等相关活动，为上海筑牢5G新基建底座。2020年，由工信部主办的第三届"绽放杯"5G应用征集大赛上海分赛成功举办，大赛特邀金融机构、风投机构参与项目的路演和评审，也为项目提供创业孵化服务。上海还积极举办5G科普宣传系列活动、5G建设有关座谈交流会与研讨会。

（3）5G助推上海高质量发展

第一，5G促进新产业的发展。

5G产业是上海先导发展的三大产业之一，5G网络覆盖为上海经济发展赋予新动能。2019年，5G网络在中心城区与重点郊区的全覆盖推进了301项5G项目在智能制造、智慧教育、健康医疗等十大领域的融合应用，包括商飞、外高桥造船厂等标杆示范应用。上海首个金桥5G产业生态园聚焦"5G+产业车""5G+智能造""5G+数据港"三大产业，集聚华为、上汽、道同等42家相关重点企业项目，启动总投资额达54亿元的产业提升项目6个、空间载体项目2个、配套类项目4个、城市配套项目8个，开启"东方智造城"的打造。半岛湾创意产业园已集聚十多家5G企业，为智能硬件、物联网、大数据等硬科技企业与传统的云游戏、电竞、网络直播等大文化类企业赋能，"华为－上海5G+XR创新中心"也将推动未来VR工业、VR娱乐、VR医疗、VR体育等行业发展。临港新业坊通过率先实现5G全覆盖、提供园区平台政策和张江扶持政策集聚5G产业。财大科技园为中小微型企业金融服务企业成立或引进2亿元5G专项基金。许多国家顶级企业在上海积能蓄势，一些基地如国科创新基地聚焦绿色环保、科技金融等行业，推动科技成果转移转化。

此外，5G、数据中心、工业互联网、人工智能融合发展，提升上海协同发展能力。虹口区引进的46家5G企业中有28.3%的5G物联网企业和21.7%的5G人工智能企业，"5G创新孵化基地"为人工智能、大数据、物联网等5G企业提供金融咨询、股权投资、创业辅导等系统创业服务内容，孵化将近10家5G企业。在产业集聚上，几乎覆盖了5G基带芯片、通信设备、通信终端等通信制造全产业链，集聚大飞机、汽车、船舶等诸多大型制造企业。

第二，带动5G智慧型城市建设。

有数据显示，截至2020年8月，上海累计建设超2.6万个5G室外基站、超3.5万个室内小站，固定宽带光纤家庭覆盖率已达99%，5G用户规模达617万户，实现了中心城区和郊区重点区域的覆盖，基本实现"双千兆第一城"的建设目标。

5G创新应用于城市管理、社会治理、民生服务等领域。上海搭建丰富的5G应用场景，如网络教育、在线医疗、远程办公等领域都交出亮眼的"成绩单"。目前，全国首个"5G医疗新基建"项目在上海实现落地，实现5G的成果转化，为民众提供先进的医疗服务。奉贤海湾镇也在积极推动5G智慧社区养老新模式的打造。

2. 武汉市：人工智能

（1）总体概况

在人工智能领域，虽然上海的发展要遥遥领先于其他地级市，但是上海作为国际大都市，具有发展人工智能方面的独特优势，可复制性较低。而中部省会城市武汉在长江经济带则具有典型的代表性，可复制性较高。武汉市拥有较多人工智能领域的领军企业，目前仅东湖高新区就已集聚120余家从事人工智能关键技术研发和应用的企业，人工智能核心产业规模近100亿元，人工智能相关产业规模超过200亿元，产业规模居全国重点城市前列，加之高校、科研院所集聚，专业人才相对较多，使得武汉市在人工智能领域的研发能力也相对领先。

（2）迅速发展的原因

第一，武汉市政府在人工智能领域的前瞻性行动。

早在2017年，武汉市东湖高新区科创局就发布了光谷人工智能产业政策，这也是全国首个区域性人工智能产业政策。2018年9月，武汉开发区投资20亿元建设人工智能科技园，为人工智能产业"筑巢"。同年，光谷引进了武汉首个人工智能产业聚集区，重点发展人工智能、"互联网+"、大健康、科技金融四大战略性新兴产业。2019年11月，武汉大学人工智能研究院揭牌成立，促进产业发展被作为其三大职能之一。

第二，武汉市政府积极开展跨区域产学研合作。

2020年7月16日，湖北省政府与中科院在武汉举行科技合作会谈，并签署科技合作协议，双方围绕湖北重点产业需求，在重大园区和平台建设、科技成果转移转化、重大关键技术攻关、人才引进培养与合作交流等方面开启新一轮合作。中国科学院相关院所带来的人工智能教育系统等15个项目签约落户武汉，总签约金额逾6亿元人民币。

第三，国家大力支持武汉市建设人工智能试验区。

2020年9月4日，中华人民共和国科学技术部发布《科技部关于支持武汉市建设国家新一代人工智能创新发展试验区的函》。试验区建设要围绕国家重大战略和武汉市经济社会发展需求，加强内涵式发展，探索新一代人工智能发展的新路径新机制，形成可复制、可推广的经验，发挥人工智能在复工复产和提升城市韧性中的重要作用，更好示范带动中部地区和长江经济带高质量发展。

第四，武汉市政府积极落实人工智能试验区建设。

2020年10月11日，武汉市国家新一代人工智能创新发展试验区启动暨人工智能计算中心发展白皮书发布会召开。武汉东湖新技术开发区与市科技、经信部门共建的人工智能计算中心，是武汉建设国家新一代人工智能创新发展试验区的具体行动，将打造公共算力服务、应用创新孵化、产业聚合发展和科研创新人才培养"四个平台"，助力武汉智能制造、智慧医疗、智能数字设计与建造、智能网联汽车产业发展。

（3）人工智能带动武汉高质量发展

第一，人工智能促进产业的改造升级。

武汉市人工智能领域的发展，有力带动了医疗设备领域、生物技术、物流领域及光电制造等领域的发展。

人工智能在医疗设备领域的应用加速了医疗进程。2020年6月30日，全自动药品补发一体机器人在武汉左岭街卫生服务中心无人值守药房，每小时可以处理500个处方单，自动补药600盒。在雷神山，由联影医疗科技有限公司研发的人工智能阅片系统，将原本需要5—15分钟的CT阅片缩减至1分钟内即可完成，并"眼尖"抓取影像中磨玻璃影，还能通过算法分析病毒类型。在社区，由科大讯飞股份有限公司研发的语音机器人拨打疫情防控调查电话，6个小时就将武汉100万人排查完毕。

人工智能计算技术设计新型酶蛋白。在生物技术领域，光谷生物企业"武汉新华扬"通过人工智能计算技术，构建出新型酶蛋白，实现自然界未曾发现的催化反应，获得工业级微生物工程菌株。目前，全球最早尝试用人工智能设计新型蛋白质结构的机构之一中科院微生物研究所，正与做酶制剂产品的"武汉新华扬"合作，用人工智能技术设计特定的酶。

无人驾驶物流车实现了无接触配送，机械臂助力光电制造领域。在路上，京东物流的智能配送机器人搭载着环境感知摄像头、红绿灯识别摄像头等，"认"得了路，将医疗和生活物资从物流站妥善运送至医院。武汉华星光电投资百亿级的生产线上，100多道精密工序全由机械臂完成，助力国内首条柔性折叠显示屏生产线迈向达产。

除此之外，智能芯片、智能制造、智能网络汽车、机器视觉、语义识别、智能机器人、智能安防、VR/AR等特色领域的人工智能技术及场景，正在应用到各行各业中。在武汉光谷，从纳米级微生物到百亿级生产线，越来越多的企业生产线正在加紧使用人工智能、5G等技术进行升级改造。

第二，吸引国际国内各行业巨头。

从研发到应用，随着武汉人工智能技术产业链的不断完善，不仅加速了本土相关企业的集聚、推动了其他行业的快速发展，还对各行业巨头也产生了巨大的吸引力。

吸引国际行业巨头落户武汉。2019年，全球显示巨头英伟达孵化中心已经挂牌，这是英伟达在中国设立的首个孵化中心，将以武汉为中心，辐射全国，为人工智能项目提供免费孵化技术支持。32家入围英伟达初创企业大赛的人工智能企业，也将入驻人工智能科技园区。同年，北美人工智能巨头梅克劳德在武汉落户大中华区研发总部及监控中心，建立先期技术成果转化平台。

吸引国内互联网巨头在汉成立研发中心。2019年，百度云智学院（武汉开发区人工智能科技基地）、百度云智学院人工智能实训室挂牌成立。同时，百度旗下的阿波龙、新石器等型号的无人驾驶泊车将在武汉开发区人工智能科技园进行示范运营，赋能人工智能科技园智慧园区运营，将成为百度产业智能化的生动案例。同年，武汉市与腾讯公司签署合作协议，双方将共推腾讯（武汉）数字产业总部落地，共建智慧城市系统平台、腾讯网络安全学院，加快5G等产业发展。

吸引国内IT和医疗行业巨头在武汉成立研发中心。2020年6月8日，小米武汉总部投入使用，人工智能技术创新中心业已获批投入运作。小米人工智能团队已独立承担了十余项业务的研发工作。6月20日，总投资45亿元的迈瑞医疗武汉基地项目在光谷开工建设，建成后将成为迈瑞医疗在全球的第二总部基地，迈瑞医疗全球第9个研发中心迈瑞医疗武汉研究院，正将加强智能医疗的产业研究。

目前，武汉市人工智能产业链条开始成形，已初步形成一批具有核心竞争力的企业，人工智能产业集群正在迅速崛起。强力发展人工智能产业，不仅为"重启"后的武汉赢得新的发展机遇，有利于加快提升武汉综合承载能力，建设国家中心城市，也有助于长江经济带高质量发展。

3. 贵阳市：大数据中心

（1）总体概况

国家工业信息安全发展研究中心发布《2019中国大数据产业发展报告》显示，贵州大数据产业发展指数位列全国第三，仅次于北京和广东，稳居全国第一梯队。贵州数字经济增速连续4年排名全国第一、数字经济吸纳就业增速连续两年排名全国第一，数字经济已成为贵州高质量发展的重要增长点。

（2）迅速发展的原因

第一，贵州抢占新一代信息技术发展先机。

2012年11月9日，贵州省委、省政府出台《关于加快信息产业跨越发展的意见》。2013年7月，《贵州云计算产业发展战略规划》发布，目标是在贵州打造完整的云计算产业链。2013年9月8日，贵阳市人民政府与中关村科技园区管理委员会在贵阳国际生态会议中心正式签署战略合作框架协议，为大数据产业的发展提供强大支撑。2013年10月至12月，中国电信、中国移动、中国联通分别与贵州省政府签约，三大通信运营商大数据中心落户贵州。

第二，国家支持贵州大数据中心建设。

2014年1月，贵安新区成为国务院批准成立的第八个国家级新区。2月19日，《贵州贵安新区总体方案》经国务院原则同意。2015年2月12日，工信部批复同意贵州创建全国第一个国家级贵阳市贵安大数据产业发展集聚区。2015年7月15日，科技部正式函复贵州省人民政府，同意支持贵州开展"贵阳大数据产业技术创新试验区"建设试点。2015年8月31日，国务院公布了《促进大数据发展行动纲要》，《纲要》明确"支持贵州等建设大数据综合试验区"。2016年2月25日，国家发展改革委、工业和信息化部、中央网信办发函批复，同意贵州建设国家大数据（贵州）综合试验区。2019年4月2日，贵阳大数据交易所经工业和信息化部教育与考试中心批准，正式挂牌建设工业和信息化人才培养工程培训基地。

第三，贵州出台一系列政策支持大数据产业发展。

2014年2月25日,贵州省人民政府印发《关于加快大数据产业发展应用若干政策的意见》和《贵州大数据产业发展应用规划纲要(2014—2020年)》。2015年1月6日,贵阳市委、市政府下发《关于加快大数据产业人才队伍建设的实施意见》,3月《贵安新区推进大数据产业发展三年计划(2015—2017)》出炉。2016年1月15日,贵州十二届人大常委会第二十次会议第三次全体会议表决通过了《贵州大数据发展应用促进条例》,全国首部大数据地方法规在贵州诞生。2017年2月,贵州正式印发了《贵州数字经济发展规划(2017—2020年)》。2017年4月,贵阳市人大常委会召开新闻发布会,公布《贵阳市政府数据共享开放条例》,这是全国首部政府数据共享开放地方性法规。2018年2月,贵州市人民政府印发《贵州实施"万企融合"大行动 打好"数字经济"攻坚战方案的通知》。

第四,贵阳借力数博会签约代表性项目,积极开展跨区域合作。

2015年5月26日至29日,首届"贵阳国际大数据产业博览会暨全球大数据时代贵阳峰会"在贵阳召开。截至5月27日,数博会共签约了58个代表性项目,涉及金额240余亿元。2015年5月起,贵州先后与北京市科学技术委员会、百度地图、上海贝格计算机数据服务有限公司、IBM、全球芯片巨头高通公司、苹果、华为、阿里巴巴签约合作,科大讯飞、猪八戒网、科大国创、康佳创投、腾讯云计算等一批知名企业成功落地。2016年11月8日,"中英大数据港"在贵阳揭牌。2017年12月,贵州省人民政府与国家统计局在京签署《共办大数据统计学院战略合作协议》。

(3) 大数据中心促进贵州高质量发展

第一,贵州大数据与实体经济融合。

数据显示,2019年贵州大数据与实体经济深度融合发展水平指数达到39.5;两化融合指数全国排名较2018年上升2位。大数据与实体经济深度融合发展已由初级阶段向中高级阶段加速迈进。在"万企融合"大行动中,从研发、生产、销售、管理等各方面,帮助企业梳理提炼融合路径、方法;开展"大数据与实体经济深度融合全国行贵州站暨贵州'企业上云'市州行"活动,推出"云使用券"助力企业上云。2019年,形成标杆项目102个、示范项目1147个,带动2280户企业开展融合。

第二,推动工业、农业和现代服务业的转型升级。

工业方面,2019年贵州重点行业数字化研发设计工具普及率提高4.3个百分点,关键工序数控化率提高1.6个百分点。农业方面,建立了农业大数据中心和农业"一张图",搭建了畜牧兽医信息平台;建立

"贵农网"县级电商运营中心49个、农村电商服务站点8601个,为农产品上行降低物流成本20%以上。服务业方面,智慧旅游、智慧交通、智慧金融等新模式新业态不断涌现,具体表现为:"云游贵州"全域旅游智慧服务平台接入全部5A级景区和8家4A级景区电子票务数据;贵阳地铁1号线及公交BRT车站实现"刷脸支付";高速公路ETC加快普及,实现在籍汽车安装率80%以上;六盘水市"水钢智慧物流平台"成为交通运输部实施的无车承运人企业之一。

第三,助力贵州脱贫攻坚。

在服务脱贫攻坚和乡村振兴上,"扶贫云"整合25家省直部门扶贫相关业务数据指标278项、2300余万条,日均访问量近5万人次,开展数据共享交换40余万次。"贵州网络扶贫公益广告项目"入选2019年网络扶贫十大案例。

第四,带动跨区域大数据产业发展。

贵阳大数据中心不仅促进了本地产业融合,还开展跨区域合作,以带动其他地区大数据产业发展。2019中国国际数据经济博览会上,京津冀黔达成《国家大数据综合试验区建设正定共识》,将共同推进两区四地之间数据资源交换共享和协同应用,共享国家大数据综合试验区建设经验,共同建立横跨区域的大数据产业生态圈。同年,贵阳大数据交易所新增两个区域服务分中心（东营服务分中心和西安大数据法律创新应用服务分中心），共同促进数据要素跨地域、跨行业有序高效流通。作为首个国家大数据综合试验区，贵州近年来坚定不移推进大数据战略行动，壮大了贵州大数据产业的发展实力，并带动了本地和跨区域大数据产业的发展，强势助力长江经济带高质量发展。

（三）以新基建为抓手推动长江经济带高质量发展

高质量发展是指以满足人民日益增长的美好生活需要为目标的高效率、公平和绿色可持续的发展。一方面，中国经济已由高速增长转向高质量发展阶段，经济发展动力将逐渐发生改变；另一方面，2020年新冠肺炎疫情肆虐全球，深度影响世界经济和全球产业的发展。在此背景下，"新基建"将成为推动长江经济带高质量发展的新动力。针对上述对长江经济带新基建的相关分析，我们提出以下三点政策建议。

1. 上中下游协调发展，适当向中上游地区倾斜

新基建为长江经济带中下游的协同发展带来了新机遇。长江经济带横跨中国东、中、西部，地区之间的自然基础和经济发展水平均存在较大差异。由于传统基建的投资区域重点多在中国东部发达地区，通过多年的基础设施建设，长江经济带下游地区在铁路、公路、机场等领域已经占据较大基础优势。但新技术减弱了传统工业对于城市传统基础设施的依赖，随着人工智能、大数据中心、工业互联网的应用，长江经济带中上游地区因其自然资源、空间优势、用户需求等因素获得了新的机遇。根据媒体关注指数分析，未来对于上中下游地区，其投资重点应有所侧重，下游地区5G基站、人工智能、工业互联网等的发展具有明显优势；中上游地区遵循"因城施策"，重点推进城际高速铁路和城际轨道交通、新能源汽车充电桩、大数据中心等领域。

2. 大中小城市各有侧重，发挥核心城市的联动作用

对于新基建的发展，大中小城市应各有侧重，尽快出台相应的新基建规划。长江经济带内单独出台新基建规划的城市数量很少，且主要为省会城市。大城市拥有较强的经济基础和人才科技资源，在人工智能、大数据中心、城际高速铁路和城际轨道交通、工业互联网等资金投入大、人才科技需求强烈的领域具有天然的发展优势。对于中小城市来说，"宜居"和"便民"是其未来的发展重点，5G基站、新能源汽车充电

桩等应成为新基建的发展重点。因此，长江经济带不同城市应结合自身已有的基础优势，加快制定符合本地市场需求的新基建方案。

以新基建为抓手，发挥长江经济带内核心城市的辐射带动作用。根据2020年长江经济带协同发展能力分析结果，协同能力弱的城市主要集中在上游地区，成都和贵阳等中心城市周围的城市尤为明显，其主要原因在于中上游地区中心城市存在较强的虹吸作用，且辐射带动作用不强。未来应以城际高速铁路和城际轨道交通、工业互联网和大数据中心、5G基站等新基建为契机，进一步推动核心城市与周边城市的互联互动。

3. 注重新基建与传统基建的衔接性，发挥城市已有基础优势

新基建是依靠数字化驱动的基础设施，其投资方式与传统基建存在明显差异。新基建投资具有较高的复杂性、市场不确定性和风险性，缺乏技术经验优势和信息优势的地方政府部门很难对市场有效信息做出甄别和评估，从而做出最优决策。一旦决策失败，不仅会面临高昂的投资损失，更会失去对前沿数字技术的主动权。因此，以政府主导的传统投资模式难以支撑大规模的新基建，需要充分引入社会资本的参与。

在新基建推进过程中，政府主要是发挥规划引领、项目引领和资金引领的作用。

新基建具有较高的不确定性和风险性。"新基建"并非是刺激经济增长、逆周期调节的"特效药"，而是着眼于长期经济结构调整、新旧动能转换的"助推器"。因此各地方政府需避免短期化、功利化倾向认知，充分发挥传统基建与新基建之间的互补关系。

参考文献

曾刚:《长江经济带协同发展的基础与谋略》,经济科学出版社2014年版。

曾刚:《长江经济带协同创新研究:创新·合作·空间·治理》,经济科学出版社2016年版。

曾刚、曹贤忠、王丰龙等:《长三角区域一体化发展推进策略研究——基于创新驱动与绿色发展的视角》,《安徽大学学报》(哲学社会科学版)2019年第1期。

曾刚、王丰龙等:《长江经济带城市协同发展能力指数(2017)研究报告》,中国社会科学出版社2018年版。

曾刚、王丰龙、滕堂伟等:《长江经济带城市协同发展能力指数(2016)研究报告》,中国社会科学出版社2017年版。

曾刚、王丰龙、滕堂伟等:《长江经济带城市协同发展能力指数(2018)研究报告》,中国社会科学出版社2019年版。

陈诗一、陈登科：《雾霾污染、政府治理与经济高质量发展》，《经济研究》2018年第2期。

段文斌：《新基建不是"特效药"而是新动能》，《人民论坛》2020年第14期。

段学军、邹辉、陈维肖等：《长江经济带形成演变的地理基础》，《地理科学进展》2019年第8期。

范从来：《探索中国特色社会主义共同富裕道路》，《经济研究》2017年第5期。

兰虹、赵佳伟、义旭东：《以新基建引领中国经济高质量发展：潜力、挑战与建议》，《西南金融》2020年第10期。

刘耀彬、肖小东、邵翠：《长江经济带水土资源约束的动态转换机制及空间异质性分析——基于平滑面板转换模型和趋势面的检验》，《中国人口·资源与环境》2019年第3期。

陆大道：《长江大保护与长江经济带的可持续发展——关于落实习总书记重要指示，实现长江经济带可持续发展的认识与建议》，《地理学报》2018年第10期。

秦尊文：《推动长江经济带全流域协调发展》，《长江流域资源与环境》2016年第3期。

孙久文、张静：《长江经济带发展的时空演变与发展建议》，《政治经济学评论》2019年第1期。

孙克强：《以新基建促长三角区域经济转型、高质量发展》,《江南论坛》2020年第6期。

张军扩、侯永志、刘培林等:《高质量发展的目标要求和战略路径》,《管理世界》2019年第7期。

朱贻文、曾刚、邹琳等:《长江经济带区域创新绩效时空特征分析》,《长江流域资源与环境》2017年第12期。

Bathelt H., Zhao J., "Conceptualizing multiple clusters in mega-city regions: The case of the biomedical industry in Beijing", *Geoforum*, 2016.

Boschma R., "Towards an Evolutionary Perspective on Regional Resilience", *Regional Studies*, 2015.

Cooke P., "Regional Innovation Systems: General Findings and Some New Evidence from Biotechnology Clusters", *The Journal of Technology Transfer*, 2002.

Davids M., Frenken K., "Proximity, knowledge base and the innovation process: towards an integrated framework", *Regional Studies*, 2018.

Ethier W. J., "The New Regionalism", *The Economic Journal*, 1998.

Güney Celbis M., Wong P-H., Guznajeva T., "Regional integration and the economic geography of Belarus", *Eurasian Geography and Economics*, 2018.

Hassink R., Isaksen A., Trippl M., "Towards a comprehensive understanding of new regional industrial path development", *Regional Studies*, 2019.

Johnson C. M., "Cross – Border Regions and Territorial Restructuring in Central Europe: Room for More transboundary Space", *European Urban and Regional Studies*, 2009.

Kemeny T., Storper M., "Is Specialization Good for Regional Economic Development?", *Regional Studies*, 2015.

Meijers E., "Polycentric Urban Regions and the Quest for Synergy: Is a Network of Cities More than the Sum of the Parts?", *Urban Studies*, 2005.

Piazza M., Mazzola E., Abbate L., et al., "Network position and innovation capability in the regional innovation network", *European Planning Studies*, 2019.

Segarra – Blasco A., Arauzo – Carod J – M., Teruel M., "Innovation and geographical spillovers: new approaches and empirical evidence", *Regional Studies*, 2018.

Szakálné Kanó I., Lengyel B., Elekes Z., et al., "Agglomeration, foreign firms and firm exit in regions under transition: the increasing importance of related variety in Hungary", *European Planning Studies*, 2019.

Vogel R. K., Savitch H. V., Xu J., et al., "Governing

global city regions in China and the West", *Progress in Planning*, 2010.

Yeung H. W - C., "Regional Development and the Competitive Dynamics of Global Production Networks: An East Asian Perspective", *Regional Studies*, 2009.

曾刚，1961年11月生，1992年7月获德国Justus Liebig-University Giessen区域规划学博士学位，1992年8月—1996年3月任德国Justus Liebig-University Giessen博士后、助理研究员、研究员。2000年2月—2000年9月，任德国Duisburg Essen University经济系兼职教授；2003—2004年，任德国Leiniz University of Hannover客座研究员。2000年9月—2009年7月，任华东师范大学资源与环境科学学院院长。现任华东师范大学区域经济学二级教授、终身教授、人文地理学和区域经济学博士生导师，华东师范大学城市发展研究院院长、长江流域发展研究院院长。教育部人文社科重点研究基地中国现代城市研究中心主任、上海市高校智库上海城市发展协同创新中心主任、上海市人民政府决策咨询研究基地"曾刚工作室（长三角一体化研究中心）"首席专家。

长期从事科技创新、产业集群、创新网络、区域发展模式的研究。主持完成德国DFG项目、Volkswagen-Stiftung项目、国家社会科学基金重大项目、国家社会科学基金重点项目、国家自然科学基金面上项目、国家重点研发计划专项、教育部人文社科重点研究基地重大项目等研究课题70余项。兼任国家自然科学基金特聘专家、国家社科基金重大项目评审专家、中国区域科学协会副理事长及区域创新专业委员会主任、中国地理学会学术委员会委员及长江分会副会长、中国城市规划学会理事、中国自然资源学会理事、上海市人民政府决策咨询特聘专家。